45

Fascicule N°

MÉMORIAL SCIENTIFIQUE

DU COMMERCE ET DE L'INDUSTRIE

QUESTIONS RELATIVES

AU

DÉVELOPPEMENT DES AFFAIRES

COMMERCIALES ET INDUSTRIELLES

ÉCONOMIE COMMERCIALE. — FAITS SCIENTIFIQUES

INVENTIONS — DÉCOUVERTES — CONNAISSANCES UTILES

NOTICES VINICOLES & AGRICOLES

Dictionnaire des Productions

COMITÉ DE RÉDACTION : Edmond DAVID, L. PRÉVAL, Y. de VILLENEUVE, Xavier LUCAS, Charles LOZES, *directeur*.

MEMBRES CORRESPONDANTS : R. DEJERNON, *Publiciste et Membre de la Société d'Agriculture des Basses-Pyrénées;* P. VIDAL (de l'Ariège), *Correspondant et Lauréat de Sociétés savantes.*

V

BORDEAUX

IMPRIMERIE A. ARNAUD, RUE DES FACULTÉS, 30

Bureaux du *Mémorial* : 46, rue Barreyre, 46

MÉMORIAL SCIENTIFIQUE
DU COMMERCE ET DE L'INDUSTRIE

ÉTUDES ÉCONOMIQUES ET D'AFFAIRES
VINICULTURE. — AGRICULTURE. — NOTICES INDUSTRIELLES & COMMERCIALES
DÉCOUVERTES, INVENTIONS & CONNAISSANCES UTILES

NOMS DES SOUSCRIPTEURS

(Liste de Bordeaux)

MM.

Abria, (Faculté sciences).
Abribat frères, raffineurs.
Alauze, avoué.
Allard, fils aîné, négociant.
Amillac, fils, négociant.
Ardouin, (E.) courtier.
Artigues (P.) & Soulié, trsit.
Audineau (Machines).
Avigdor frères, négociants.

Babin, négociant en vins.
Balilue, (L.) négociant,
Balay, (Ed.) négociant.
Bareste-Marichon, notaire.
Baron, (L. P.) entrepositaire.
Barraud, Jullien, négociant.
Barreyre (Paulin) & Cie négts
Barthe, L. négociant.
Bassié & fils, fonderie.
Bauré, (P. F.) vtes d'immbles.
Bay, (J.) Cabanié (P. P.).
Bay, (R.) Jeune négociant.
Bay & Duprat, négociants
Bazille (de la mon Sauvage).
Beguey (A.) cordier.
Bellot des Minières négociant
Berge frères, draperie.
Bergès (G.), négociant
Bernard, (O.) Avocat-Agréé.
Berniard & Co négociants.
Berruyer (A.) négociant.
Bertin (Armand) & Co, nég.
Bertrin (A.), négociant.
Besse frères, drs d'assurances
Bibent & Co (E.) négociants.
Bideau (S.), négociant.
Binard (E.), Banquier.

MM.

Biraben & Co négociants.
Bird & Guy-Moyat, négts.
Blanchet (B.) Assurances.
Blondeau, (G.) négociant.
Bompar (E. & G.) assurances.
Bonnal & fils, liquoristes.
Boulan, (Ad.) armateur.
Bouluguet, (Em.) négociant.
Bourdeille (E.) bestiaux.
Bourgez & Troye, bois de con
Bouyer, négociant.
Brouillard, (A.) courtier.
Broussard, (Ed.) mon Verdelet
Bru, (A.) négociant.
Brugerolle, (H.) négociant.
Bruneaud-Lacaud (C. d'Epar)
Bruyère, (P.) négociant.
Bujac & Co, (Sustrac. p. pn.)

Cabanes, (Ed.) armateur.
Cabrol Jne (A.) armateur.
Cahuzac, (A.) armateur.
Campaigniac (A.) négociant.
Camps, (E.) & Cie (grains).
Capeyron (H.) & (A.) Delange
Carbouères (B.) & (J.J.) Fabre
Castera (M.) négociant grains
Castex (S.) Bd-Gauchou ppn.
Caussé (E.) & Co droguistes.
Carmichaël, (E.) assurances.
Cavalier frères, négociants
Cayrou, Jules, négociant.
Celsis, (Félix) armateur.
Charles Caboy, négociant.
Charles Crépin, rep. comm.
Chaumel-Durin, & Cie négts.
Chaumet, Superville & Cie.

MM.

Chéberry (H). Bernard (R) & Cie
Chéron, (Paul) négociant.
Chevalier, Conseiller municl
Clerc, négociant.
Cornibé frères, armateurs.
Cortès, Lamaud & Cie négts.
Coudouy, (L.) courtier.
Coulon, (Achille) négociant.
Courchmoux fils & Co
Courtin, pap. à cigarette.
Constau frères, négociants.
Crébessac (V.) négociant.
Cremers, (Ate) fab. de capsules
Crespy, (F.) rafr. tartre.
Cunliffe, Dobson & Cie.
Curcier & Adet, négociants.
Cuzol & fils et Co négociants.

Dade fils, négociant.
Dadelszen, (E. M.) négociant.
Dalbusset (P) frères, négts.
Dandicole fils & Gaudin aîné
D'Andiran, agt de commerce
Danflou (A.), négociant.
D'Anglade, chef dépôt ombus
Dardilouze, négociant.
Darnat (L. Ad.) avocat.
Darthés. fabt de bouchons.
David frères, mâturiers,
David-Cousteau, conller mal
Davis, (H) agent du *Pacific*.
Deffés (H.), & fils, négociants
Degraaf & (E.) Duval, drogtes
Déis, négociant.
Delas frères, négociants.
Delaune, (A.) & Cie négts.
Delpuget, (B.) & Cie. négts.

MM.

Delugen (U.) négt armateur.
Desbats, (J.) constructeur.
Deschamps (J. C.) & Cie négts.
Desclaux de Lacoste, notaire.
Demay (Adolp.) négt liquor.
Desegaulx frères, négociants
Desparmet (L.), négociant.
Destang aîné, grains.
Despiet, notaire.
Dietz (Charles), mécanicien.
Deynaud & Barbé, négociants
Dihigo (J. B.) négociant.
Douniol, négociant en grains
Dubois (Paul) & Cie. négts.
Duboscq-Lettré fr. négociants
Dubourg, avoué.
Duclos frères, négociants.
Ducros, (H.) & Co négociants
Dumontel fils, propriétaire.
Dupont, (Emile) avoué.
Duprat, Clément & Maurel.
Dupré (A.), négociant.
Duputs & Guichard, négts.
Durcy frères & Montariol, nts
Dussarget, agent de comce.
Dussaud, (G.) & (E.) Minvielle
Du Souchet & Cie, négociants.
Duval (Marcel), négociant.
Duval, Mahut & Cie, négts.
Dyoux fils, (Gl.), négociant.

Ecole Commerciale de Bordeaux
(V. Coupin & Fabre, directrs)
Ellies, negociant.
Eschenauer, négociant.
Eyquem (A.) négociant.

Fabre (Alfred), négociant.
Fauchat (E.), négociant.
Faure (Jules), négt cafés.
Ferrand (J.), négociant.
Ferrière (André), court. mar.
Forestier frères, liquoristes.
Fort (Eugène), négociant
Foursan, (U. de), prod. landais
Freyche (J.), négociant.
Furt, Auguste, agt marit.
Furt (J.), transpt maritime.

Gaborit, huissier.
Gaillard, Naute & Co, nég.
Gardés (C.) negociant.
Garres & Versein, négociants.
Garres (Vve) Jne & fils négts.
Gaz de Castres, (Société du).
Gellie frères, négociants
Gevers (E.) & Stéhélin, négts.
Giese (Ferdd), bois.
Goudal & Cie (Tête aîné ppon)

MM.

Gomez, négociant.
Grand (P.), négociant.
Granpré-Molière frères. négts.
Gras fils cadet, négt farines
Graterolle (Ate) négociant.
Gré (J.) & Cie, imperméables.
Gros (F.), & Co transit.
Guerin (Ch.), courtier.
Guestier (D.), négociant.
Guibert (Gustave), propre.
Gufflet (L.), courtier.
Guignard & Fres, sels en gros
Guilhou (A.), négociant.
Guillaume (A.) négociant.
Guippeville (A. de), négt.
Guit (Th.) & Co negociants.

Hilaire (Hor), ferm. gral halles
Holagray & Cie, bois & métx.
Hopmann & Cie, négociants.
Hubert & Boissel, négociants
Hue (J.) Lamarque & frères.
Hue (L. A.), négociant.

Imbert-Blanc & fils, négts.
Itey & Cie, négociants.

Jacquemin hermanos & Velar
Joanne, raffineur.
Johnston (W.), négociant.
Jonneau & fils, vinaigres.

Klepper (F.) & Cie, négociants

Labaig & Mérand, negts grains
Labat, constructeur.
Labat & Dubos, commission.
Laborde (P.), (A. Pradeaux).
Labadie fils aîné, negociant.
Lacampagne et Cie, négts,
Lacaze & Laurens, négociants
Lacoste (A.) & fils, négociants
Lacoste (R.), denrées colon.
Lacoste, négociant.
Lafage, avoué
Lafargue (A.), banquier.
Laffite (E.) L. Vandercruyce.
Lagelouze (J.), armateur.
Laharrague, négociant.
Lajard frères, négts en vins.
Lalande (A.), négociant.
Lamothe (pp. T. G.), bois de C
Lanelue-Sanson (U.) négt.
Lanoire. (G.) négt.
Larcher (S.) Jne, négociant.
Larrieu (J.) négociant.
Larronde frères. négociants.

MM.

Lasserre (A.) fils, vins.
Lasserre-Brisson, consler munl
Lasserre (E.) mon Caillabet & f.
Lassus & David, négociants.
Laulhé (L.) Banque de Crédit
Laumond (A.) fils, banquier.
Laumond (T.), J. Brisson & Co
Laurent (J.) & fils négociants.
Laurin fils & Dagnial, négts
Lavie Ve & Co (J. Lavie ppn).
Lemierre (F.), négociant.
Léon (Alex.), armateur.
Léon (H.), négociant.
Le Rouzic (C.), négociant.
Lesclide aîné & fils, représts.
Lespinasse & Montiés, bois.
Lespine (Ch.), négociant.
Leuger-Hollman & Cie, negts.
Levis & Cie, négociants.
Leviaud (P.) & (A.) Dubreuilh
Lobre (A.), verrerie.
Lopez, armateur.
Loubatières & Co négociants
Loubre (ve E.) & G. Le Pozzy
Louit, Larade & Cie, négts.
Lourse (Numa) & A. Duval, nts
Loze (L.), papiers en gros.
Lubbert (A.), courtier.
Lucas (Jules), négociant.
Lurman (G.-G.-H.). négt.
Luze (A. de) & fils, négts.

Mantran-Brouillet, blles
Marcillac (E.), négt grains.
Mareilhac (A.) & Co
Marot (J.-J.) & fils, négts.
Martin (Amable), courtier.
Martin (V.) fils & Cie, négts.
Masson fils Jne, serrurier.
Mathias frères & Cie. négts.
Mathieu & Liger, négociants
Maugey (J.) fils, négociant.
Maury (A.) & Souviron, négts
Mayer (F.), courtier.
Merlande (E.), (toiles & sacs.
Merlet (Ve) & Clos, (cuirs).
Meyer (Louis), Bois de const.
Meynieu (H.), négociant.
Moinet (A), Bouzom ppn.
Momus (E.) négociant.
Montauban (Léopold), négt.
Moreau (J.) & Pepin, négts.
Moreau fils, com. bestiaux.
Moreau-Madoulé, negociant.
Moreau & Audry, fts chandles
Morton (Alfred), & Cie, négts
Mortreuil (L.) negociant.
Muller & Darthez, négociant.

Nétien (E.) & Cie négociants.

MM.

O'Lanier (Louis), armateur.
Ollé & Cie, négociants.
Olibet Jne & fils, (Biscuits).
Olibet (T.), négociant.
O'Toole, négociant.

Panove, liquoriste.
Pauilhac, pharmacien.
Pauliac, boucher.
Payraud (V), négociant.
Peguet, grains.
Pellisson père & fils, négts.
Pestillat-Pradelle & Cie.
Petit aîné, bois de démolit.
Petit-Laroche (J.) & Cie, négts
Philibert, (maison Duperé).
Piganeau & fils, banquiers.
Plantey, constructeur.
Poncet-Deville Jne négociant.
Pons & Bouquié, vins en gr.
Ponsehuret (L.), vinaigres.
Pujos (B.) fils, négociant

Rabion, notaire.
Raymond frères & fils constrs
Raynaud (F.) aîné, négociant
Reinhart (F. J.), négociant,
Renaudin du Fondreau (V.)
Ribert (Ch.), négociant.
Richard & Müller, négociants
Rieunier & Cie, négociants.
Robert (A.), armateur.
Rodrigues & Gouteyron.
Rohée frères, négociants.
Rolland & Pauly papiers en gr
Roucaud (Jor, négociant.
Rougey (A.), négt en vins.
Roulle l'aîné, négociant.

MM.

Rousse (J.-J.), négociant.
Rousseau aîné, bains Giron.
Roux (Leonce), courtier.
Roux, (coffres-forts).
Rozat & Drouelle, négociants
Rubichon. Junca & Sompairac-Héron, négociants
Rutté (Th. de) assurr marit.

Saint-Anac, courtier.
Saint-Ange-Richon, armat.
Saint-Bonnet (B). nt .
Sainte-Colombe (G. de), négt
Saint-Germain (de), avoué.
Saintonger frères, négociants
Salin (P.) fils aîné, négociant
Salomon frères, négociants.
Samazeuilh (F.) & fils banq.
Santa-Coloma (de) & Cie, nts.
Sazias aîné, banquier.
Sarrazin (Ad.), négociant.
Sauzeau frères, négociant.
Sazias (C.) Jne & A. Peraire f.
Schliemann, négociant.
Schoengrun-Lopes-Dubec & C
Schröder & Schyler & Co
Schroder (F.) & Cie, négts.
Sécrestat, conseilr municip.
Seignouret, Agt de change.
Séna (D.,) pap. pour l'export.
Servat (H.), bois de conston
Seurin. négociant.
Sicher. notaire.
Sohège (H.) & Cie, négociants
Sorbé (A.), agt de change,
Sourget (E.) & Co négociants.
Stahl & Kracke, négociants.
Stoutz (A. de), négociant.

MM.

Strapp (J.), Agt de vapeurs.
Sursol (J.H.), dirr des docks
Sue (de la Mon H. Carenne) négociant.

Tampier (L.) & Cie. négts.
Tandonnet & Cie, négociants.
Tandonnet (J. H.) & frères.
Tardieu (C. L.), (L. Tard.p p.)
Tastet, courtier.
Tétard (Vor), bois de const.
Thibeaud (P.) f. aîné, négt
Thieullet (H.), négociant.
Thounens, (Colombier pr M.)
Tourneur (Will) & Cie, negts.
Toursier (A.), négociant.
Treyeran frères, negociants.

Uhlmann (H.), négociant.
Unholz (H.), négociant.

Valade & Neveu, négociants.
Vial (T. de), agt Cie gén. trans
Vianne-Lazare, négociant.
Veillon frères, négociants.
Verdeau (E.) & Cie, assuran.
Vergez (A.) & Cie; négts.
Vergnes, Duprada & Lanes.
Vieillard (A), Fque de Poterie
Vieu fils, courtier.
Vignal (F. J) négociant.
Vignau (L.), négociant.

Weill (Léon) & Cie négts.
Worms, armateur.

(A suivre incessamment les listes du déhors).

Le PROCHAIN FASCICULE traitera : De la Vinification ; — Des **Vins** piqués, des **Vins** moisis et de quelques procédés pour les traiter.—Des **Bois**, étude physiologique sur leurs parasites ; des divers moyens de conserver les bois (*deuxième article*). — Des **Grains**, de leurs maladies et des procédés à employer pour leur conservation.— Des Vinaigres.— **Inventions** et **Connaissances utiles.** Des Eaux-de-Vie. — Sujets agricoles. — **Falsifications** commerciales. — Études d'économie et d'affaires. — **Variétés.** — **Dictionnaire.**

TABLE DES MATIÈRES

Errata — Pour l'art. *vins pyrénéens* qui, par oubli, n'a pas été corrigé.
Prière de lire *principalement :*
Page 25. ligne 17 : une *ère* de prospérité, etc ;— pag. 26, lig. 14: schistes *lamellaires ;* — même pag. lig. 24 : la vigne *étend...*, — même pag. lig. 29 : *réputation* établie ; — pag. 27, lig. 10 : la *munificence* de la nature *y* est...; — m. p. lig. 15, des déserts dont *la misère..;* — m. p. lig. 18 : la voie est ouverte *aux...;* — p. 30, lig, 10 : propres *aux coupages...;* m. p. lig. 18 : Me*n*seng...; — La signature est . Dejernon.
— A l'art. *baleine* du DICTIONNAIRE, lig. 2, lisez *animal* de mer, au lieu de *poisson*.

Bordeaux. — Imp. A. Arnaud

DU DÉVELOPPEMENT

DES

AFFAIRES COMMERCIALES ET INDUSTRIELLES.

De tous les obstacles qui surgissent et viennent interrompre le cours des affaires, le plus grave assurément est la *hausse* dans les prix de vente des produits.

C'est, en effet, la hausse qui arrête la consommation ; c'est la hausse encore qui, emportant avec elle le principe de son accroissement, réduit en conséquence le chiffre de la production.

Or, comment survient la hausse, et quelle est-elle avant tout ?

C'est l'augmentation de la valeur des productions ; augmentation provenant en raison directe de la rareté de ces dernières. Ainsi, lorsqu'il y a abondance générale des produits, la hausse disparaît.

Mais, pour ne viser que la situation actuelle du commerce et de l'industrie, est-ce bien la disette de produits qui paralyse les affaires ?

A cette question, sans doute nous pourrions répondre affirmativement; car, enfin, l'année 1873 et quelques autres précédentes n'ont pas donné d'excellentes récoltes ; mais, outre cette cause majeure, nous ajouterons que les modifications apportées récemment au budget de l'État se sont transformées en autant de pertes que doit supporter la fortune publique.

Il y a quatre ou cinq ans, les besoins du gouvernement se soldaient avec dix-huit cent millions. Les terribles événements qui se sont produits, peu de temps plus tard, obligent aujourd'hui les contribuables à porter ce chiffre à environ deux milliards cinq cent millions. Or, cette augmentation de sept cent millions équivaut justement à ce que produit en froment d'automne la culture de plus de 1,900,000 hectares, ou bien à peu près la moitié du produit total de tous les vignobles de France.

Ainsi, cette élévation du budget de l'Etat tient lieu d'un déficit considérable dans la production ; déficit auquel il faut maintenant ajouter celui qu'il cause, comme juste conséquence, et que subissent à leur tour le commerce et l'industrie.

Voici le tableau fidèle de la situation. Maintenant, que faut-il faire pour l'améliorer?

Les uns répondront vivement qu'il faut diminuer les impôts. En effet, diminution d'impôt équivaut, nous l'avons vu, à augmentation de produits, soit, pour mieux dire, de richesses.

Eh ! bien, ce moyen-là est absolument impossible, pour l'instant au moins. Le gouvernement, en demandant qu'on élevât le chiffre de ses recettes, a subi lui-même les exigences de dures nécessités, que tout le monde connaît et qui sont incontestables. L'Etat, en présence des charges qui lui incombent, ne peut point penser à renoncer aux seules mesures que lui ont inspiré ses propres embarras. Et, enfin, pour nous qui n'espérons rien de ce côté, nous croyons qu'il est plus sage de passer outre les sollicitations, les récriminations, qui ne sauraient aboutir qu'à cette réponse du département des finances : *Non possumus* !

Voyons !... Que faut-il faire ?

Produire, toujours produire, et produire sans cesse. Amenons l'abondance, et la gêne disparaîtra. Si, en productions agricoles et industrielles, la France donne chaque année de vingt à vingt-deux milliards, cherchons à atteindre un résultat de vingt-cinq à trente. Les besoins de l'Etat se trouvant prélevés sur cet accroissement de produits, le restant sera acquis, net, au profit de la fortune publique.

Tout cela est fort beau, nous dira-t-on ; mais comment produire davantage ?

La réponse à cette question va découler de l'examen même des embarras créés à l'agriculture, à l'industrie, et que nous venons d'indiquer justement. Entrons donc dans quelques détails ; mais, auparavant, écoutons le dialogue suivant :

— « La récolte des blés a été abondante, cette année, me dit mon voisin l'agriculteur ; j'ai obtenu 2 hectolitres de plus par hectares.

— Tant mieux, le pain sera à bon marché, et l'écoulement rapide de vos céréales vous permettra de faire quelques économies.

—Malheureusement pour moi, Dieu ne l'a point voulu ainsi ; car, si je gagne un peu plus sur mon blé, je perds sur mes avoines, qui ont très peu donné.

— On ne peut pas, non plus, être heureux en toutes choses.

— Ce n'est pas cela ; mais j'avais le désir d'acheter quelques instruments et des engrais chimiques : je ne pourrai donc m'en tenir, cette fois encore, qu'à l'indispensable.

— Est-ce que l'indispensable ne vous suffit pas ?

— Je m'entends : j'ai voulu dire que, faute de plus grands bénéfices sur mes dernières récoltes, je me vois privé de concourir prochainement à de meilleurs résultats.

— Comment cela ?

— Votre question, laissez-moi vous le dire, me fait entendre que vous n'êtes pas très initié aux choses de l'agriculture progressive. Eh ! bien, mon cher voisin, en vous avouant que je suis dans l'impossibilité d'acheter des engrais chimiques, par exemple, je vous annonce que je m'expose à n'obtenir, pour la récolte prochaine, que 12 à 14 hectolitres à l'hectare, au lieu de 20 à 25 que me procurerait l'emploi de ces engrais. C'est une chose prouvée par la science agricole, que le sol dans lequel on n'introduit pas, dans certaines proportions et associées ensemble, quatre substances nommées acide phosphorique, azote, potasse et chaux, ne donne qu'une récolte médiocre et s'épuise à la fin. Pour moi, faute d'argent, je fabrique ou me procure n'importe comment un engrais quelconque, dont j'ignore les éléments de composition, surtout les proportions...Que voulez-vous, je continuerai ainsi... Il le faut bien !

— Diable ! vous perdrez de bien grandes chances de profit !

— C'est évident. Encore, pour cette année, si j'avais seulement pu me procurer, pour les binages, une houe à cheval. La main-d'œuvre est trop chère, et.... Mais, pardon, mon voisin, je bavarde, et ce n'est u'à force de travail que je parviendrai à pouvoir faire ces acquisition

— Adieu donc, je retourne aux champs ! »

Sur ces mots, le cultivateur s'éloigne, et j'interpelle alors un vieil ami qui se trouve justement à passer près de moi.

— Et où donc allez-vous, lui dis-je ?... Vous m'avez l'air soucieux... triste même. Seriez-vous malade ?

— Peut-être vaudrait-il mieux que je fusse malade ; car, enfin, il n'y aurait que moi qui souffrirais. Mais, malheureusement, ce sont mes intérêts qui sont atteints, et toute ma famille s'en ressent.

— Ah ! mon Dieu.... Auriez-vous perdu dans quelque faillite ?

— Jusqu'à ce jour, je n'ai jamais fait que des affaires sûres, mes relations étaient excellentes, et mes placements...

— Ah ! j'entends... Vous avez eu la tentation de jouer sur les fonds publics.

— Sous ce rapport, la Bourse ne m'a jamais connu. Non, voici l'affaire. Vous connaissiez ma fabrique de papier, aux environs d'Angoulême ?...

— Une belle usine, ma foi !

— Eh ! bien, mon ami, j'ai été obligé de la vendre ; elle ne me rapportait plus...

— Faute d'écoulement de ses produits, sans doute ?

— Pas le moins du monde ; mais ne savez-vous donc pas que ces produits sont frappés d'un droit de 20 fr. 20 cent. par 100 kilos !.. Que voulez-vous que je fasse ? Ma fabrication était spéciale, mes articles de fort bonne qualité, et je me contentais d'un petit bénéfice...

— Voyons, n'y aurait-il pas aussi, chez vous, quelque vice d'administration .. car, enfin, comment font vos concurrents ?

— Ils font... ils font... Allez donc le demander au consommateur. Quant à moi, je tiens à travailler dans des conditions convenables, et surtout à pouvoir subvenir aux besoins de ma famille.

— Mais, si je ne me trompe, ce sont vos acheteurs qui paient l'impôt dont vous êtes frappé ?

— Assurément ; mais ils achètent moins ; ou bien, par suite de l'enchaînement des services, quand je deviens leur acheteur, c'est moi à mon tour qui paie ledit impôt.

— C'est bien vrai.

— Mais je ne suis pas seul dans cette position. Mon personnel se composait de 25 ouvriers, lesquels, lorsqu'ils allaient s'approvisionner, payaient à leur tour une part de cet impôt, pour ne parler que de celui-là.

— Vous avez raison.

— Il s'en est suivi une certaine gêne dans leurs opérations domestiques. Dès lors, ils m'ont demandé une augmentation de salaire.

— Terrible conséquence !

— C'était demander ma perte.... J'ai fermé la fabrique.... Oh ! les conséquences sont plus terribles maintenant. Figurez-vous cent ou mille industriels placés dans ma propre position : c'est 25,000, c'est 30,000 ouvriers sur le pavé. Dans quels embarras se trouve alors la masse des commerçants qui travaillent encore ?... Ces 30,000 ouvriers, à moins de mourir de faim, empruntent leurs aliments. Paieront-ils jamais ?... Si non, perte sèche pour la fortune publique. Si oui, à quel prix paieront-ils ? Et puis, le crédit illimité n'est pas profit. Quel enchaînement de faits économiques !... La voie est ouverte aux faillites ; la consommation est réduite à ses bornes les plus étroites ; la production industrielle s'en va s'éteignant. Cherchez maintenant le remède à tant de maux. Pour moi, c'est à quoi je rêve....

Au revoir ! »

Voici des faits pris sur la nature, pour ainsi dire. Nous prions le lecteur de nous pardonner la forme dont nous les avons enveloppés ; mais, au fond, ils sont strictement vrais. Maintenant, à l'aide de leur lumière, nous allons éclairer la voie que nous poursuivons.

Voici, d'abord, l'agriculteur. Il se plaint ; il pourrait doubler, dit-il, sa prochaine récolte ; mais, faute d'un capital qui lui est nécessaire, ses résultats resteront les mêmes, où à peu près ; par suite, ses denrées seront chères, le consommateur supprimera un plat de sa table ; son boucher y perdra, le marchand de vin du boucher se ressentira de cette perte, et il y a jusqu'au propriétaire du vignoble, d'où le marchand tire son vin, qui sera frappé des conséquences produites par la gêne de notre agriculteur. Et qu'on remarque bien qu'il n'est pas seul dans la gêne, ni le seul cultivateur qui ne produit pas davantage faute de crédit. M. Georges Ville citait un jour, les cartes à la main, *quarante-six* départements ne donnant que 12 hectolitres à l'hectare, alors qu'ils pourraient en obtenir le double.

A la pénurie d'argent éprouvée par certaine classe de cultivateurs, on pourrait bien joindre, visant la même classe, la pénurie de connaissances progressives. Mais, enfin, concluons. — Que faut-il faire pour l'agriculture, dans l'intérêt du bien-être général ?

Lui ouvrir des crédits ; instituer des banques agricoles, et répandre dans nos campagnes les notions scientifiques applicables aux intérêts des champs. — Nous examinerons, prochainement, les bases sur lesquelles doivent être assises ces institutions de crédit.

Passons maintenant à la cause de l'industrie.

Nous avons vu un industriel fermant sa fabrique et renvoyant ses ouvriers. C'est l'impôt sur le papier qui, dit-il, l'a forcé de prendre cette détermination. Plus haut, par des considérations que chacun se rappelle, nous avons admis qu'il est tout à fait impossible de pouvoir pour longtemps espérer la suppression de cet impôt, les charges de l'Etat étant des plus lourdes et des plus impérieuses.

Eh ! bien, si nous voulons maintenir notre industriel dans sa fabrique, il faut, à tout prix, retrancher quelque somme dans ses frais de fabrication. Mais, il faut qu'il garde son attelage ; il n'a pas trop de deux chevaux ; vingt-cinq ouvriers à 4 francs par jour lui paraissent nécessaires. Ce dernier point reste pourtant à bien étudier ! Quels sont ces ouvriers ? Supposons-les moitié pères de famille, moitié célibataires. — Parmi les premiers, il s'en trouve qui n'ont pas assez de 4 francs pour l'entretien de leur famille ; donc, ils se nourrissent mal ; c'est-à-dire qu'ils n'apportent au travail qu'une *somme de forces* relative à leur alimentation. Parmi les autres il se trouve des jeunes gens qui aiment les plaisirs (c'est le goût du siècle), qui ne se privent de rien, non plus, touchant le luxe de la toillette et du café (c'est encore l'esprit du siècle) : pour la plus grande partie d'entr'eux, l'alimentation est chose secondaire. Ceux-ci ne donnent encore au travail que le restant des forces qu'ils n'ont pu épuiser, — Par conséquent, que recommanderons-nous pour obvier à tant de travers d'éducation morale et matérielle, à ces impossibilités qui régissent certaines familles nécessiteuses ?

Nous dirons aux industriels : « Soyez paternes, soyez pleins de sollicitude pour vos employés, et amenez-les à comprendre qu'il est urgent que chacun apporte au travail toutes les forces vives dont il peut disposer. » Au surplus, que les chefs d'industrie fassent des expériences dans leurs propres ateliers : qu'ils se chargent, pour un temps, de pourvoir à l'alimentation de leur personnel ; au bout de quelques jours ils constateront que le résultat du travail de chacun s'est considérablement accru. Dès lors, il sera facile à l'industriel de réduire son personnel de 25 ouvriers à 20 seulement, ou de produire davantage. (1)

Mais, nous dira-t-on, — car les objections ne manquent jamais aux plus intéréssés dans les questions traitées, — mais vous n'ignorez pas, sans doute, que la production est inférieure à la consommation. Or, comment vous procurerez-vous cet excédant de produits nécessaires au nouveau régime que vous recommandez ?

Quand l'impulsion donnée à l'industrie viendra de l'accroissement des forces productrices, qu'on ne doute plus alors du développement ou de la multiplication de la production alimentaire. Ce que nous n'aurons pas chez nous, nous le prendrons chez nos voisins. Croit-on que le bétail qui nous vient de la Belgique et de l'Allemagne est essentiellement originaire de ces pays ? Il y a, en Hongrie, par exemple, d'innombrables troupeaux, qui seront à nous dès que nous voudrons nous organiser pour les obtenir *directement*. Nous avons les preuves de ce que nous avançons, et les plus simples informations peuvent les confirmer. En toutes choses, il s'agit de s'organiser. C'est cet esprit d'organisation que nous invoquerons sans cesse.

Dès qu'une maison de commerce se fonde, son chef commence par s'assurer des *forces* qu'elle peut mettre en action : ces forces sont le *capital ;* dès que l'industriel fonde son établissement, il doit aussi calculer le pouvoir émissif des forces dont il s'assure le concours. !

(1) *Voyez le chapitre suivant :* FORCES ANIMALES ET MACHINES A VAPEUR

Eh ! bien, comme nous le disons ailleurs, il n'y a qu'un moyen d'accroître ces mêmes forces : c'est celui qu'on emprunte à la puissante loi de l'alimentation, malheureusement trop méconnue.

Ainsi, nous venons de voir notre industriel atteignant son but par la réduction de son personnel. Non-seulement il peut désormais satisfaire aux exigences de l'impôt ; mais il peut aussi compter ses bénéfices, vivre de son travail, et élever sa famille. C'est là sa première ambition. Et, comme tout se suit dans l'ordre économique des sociétés humaines, l'industrie, nourrie à bon marché par l'agriculture, fabriquera pour elle. Le commerce est l'intermédiaire naturel de ces deux grandes exploitations : ainsi, il prospérera.

Pour terminer, nous nous adresserons aux capitalistes et leur dirons : « Mettez vos fonds à la disposition de l'agriculture! »

Ou bien : « Créez des Sociétés de substances alimentaires, que vous répandrez surtout dans les contrées industrielles et agricoles, où le mauvais régime accuse infailliblement une déperdition sensible et graduelle de forces productrices! »

Au commerce, dont l'âme même est l'esprit d'initiative, nous dirons ceci : « Voulez-vous mettre du fer à la forge pour en débiter les mille et une transformations?... Voulez-vous offrir, enfin, du coton à la navette oisive pour en négocier plus tard les admirables produits ?... Eh! bien, pensez à développer les forces de la machine humaine qui fuient devant le travail ; pensez-y bien, en recherchant activement, chez nos voisins ou ailleurs, des denrées nutritives et à bas prix, qui produisent chez nous l'*abondance,* cette source du bien-être universel.

Il y a en France quelques esprits très dévoués (1) à la cause de la régénération des affaires, c'est-à-dire au développement de la richesse publique, qui, seule, est capable de nous aider à porter bravement le lourd fardeau qui nous écrase. Suivons-les, ces esprits, dans la voie qu'ils nous ouvrent. Secondons leurs efforts par l'adjonction des nôtres, et travaillons tous ensemble à l'inauguration d'une ère nouvelle de prospérité.

L. Préval

(1) A ce propos, lisez plus loin, page 18, l'article relatif à l'intention de M. Ch. Tellier, appelée à rendre d'éminents services.

FORCES ANIMALES ET MACHINES A VAPEUR.

On se souvient de la révolution économique qu'a provoqué l'introduction des machines dans la plupart de nos grandes industries. Cette révolution pensa plus d'une fois être fatale à l'harmonie sociale, qui est si nécessaire à la sécurité et à la prospérité des nations. Il y eût les détracteurs de la machine : ce furent ces faux économistes, qui, coiffés du bonnet de docteur, s'en vont criant, jetant l'alarme, ameutant ainsi l'humanité contre les bienfaits qu'elle devrait bénir. — Aujourd'hui, l'erreur est dissipée, la machine fait chaque jour ses preuves, et l'ouvrier qui la construit, aidé lui-même dans son travail du concours d'autres instruments analogues, se dit tout bas, fort sagement : « C'est à cette invention divine que je dois le pain qui me nourrit. » Et que disaient donc ces docteurs à courte-vue, lorsqu'ils prétendaient que l'application industrielle de la vapeur devait vouer à la misère des millions de travailleurs ? Ils disaient ouvertement ce qu'ont dit, dans le même temps, mais depuis plus longue date, les partisans de l'industrie nationale, de l'agriculture nationale, du commerce national. — Les clameurs des uns et des autres ne se sont jamais élevées que pour demander le règne de la famine contre celui de l'abondance, le règne de la pauvreté, de la misère, contre celui de la richesse publique. — Un brave maréchal, habile agriculteur, mauvais économiste, ne considérait-il pas l'invasion des bestiaux allemands comme une calamité aussi funeste pour la France qu'une nouvelle invasion de Cosaques !

Toutes ces théories ont fait leur temps : quelques années encore, et les plus intéressés à les faire valoir les auront oubliées. Aujourd'hui, riches des faits que l'expérience a mis en lumière, nous savons tous que tout moyen propre à développer l'abondance des produits est propre aussi à développer le bien-être général ; et, au surplus, quand les circonstances ou la nature de son application ne lui permettent pas de multiplier la consommation, du moins l'économie pécuniaire qu'il procure ouvre toujours une nouvelle carrière au travailleur supplanté. Ainsi, l'invasion des bestiaux étrangers ne pouvait avoir les suites funestes qu'on lui attribuait. Au contraire, quand ce préjugé à son tour si fatal est tombé, on a pu constater que les bestiaux allemands rendaient d'incalculables services à ceux dont la bourse n'avait, jusqu'à ce jour, permis l'usage de la viande dite nationale. C'est qu'il ne faut pas penser que l'alimentation ait pour but de charmer l'estomac ou de chatouiller l'organe guttural de l'homme. Malheureusement, on n'attache, en France, qu'une très puérile portée, non-seulement au mot, mais encore à la chose.

Le gastronome qui disait que l'homme *vivait* pour *manger*, exprimait une pensée qui peut ainsi se traduire : « L'homme pour vivre a besoin de manger ; or, pour manger, il doit travailler sans cesse. » Pourtant cette traduction ne nous satisfait pas pleinement, nous, qui voulons traiter, dans ce chapitre, du rapport qui lie l'alimentation au travail, soit : *la source des forces au résultat de leur émission.* Nous proposerons donc cette formule : « Pour bien travailler, l'homme doit se bien nourrir. »

En effet, qu'entend-on par le mot *force* ?

On entend parler de la puissance capable d'agir, de produire un effet. La machine humaine, comme la machine à vapeur, attend, pour entrer en action, le moment qui nous paraît propice ; et, ce moment venu, elle *transforme* ses forces en un *résultat* industriel, en un *objet* quelconque. Quand les notions de la physiologie seront mieux connues, ne sera-t-il pas beau d'entendre dire : Cette barrique, ou cet instrument, ou cette maison a coûté tant de *kilogrammes de forces humaines* ? — Et à ceux qui pourraient trouver cette remarque un peu subtile, nous dirons que, bien habitués à ce langage, industriels et travailleurs ne verraient plus de profit que dans l'accroissement des forces humaines. Que dirait-on d'un conducteur de machines à vapeur qui, tout absorbé par le résultat du travail, se préoccuperait peu d'alimenter le foyer en ne remplaçant pas le combustible consumé ? Il ne tarderait pas à constater une déperdition graduelle de *forces*, en même temps qu'une diminution dans le *rendement* industriel.

Tel est pourtant le cas, aujourd'hui, de la plus grande partie des travailleurs à l'égard des forces humaines. Ils pensent que l'homme qui vit, qui s'agite, est en possession de tous ses moyens d'action. La sources de ses *forces*, de son *énergie*, il la méconnaît. Ignorant des observations scientifiques, il croit pouvoir aisément atteindre, d'un seul coup, deux buts diamétralement opposés : éteindre chaque jour le foyer nutritif de son économie, et produire sans cesse, produire toujours davantage. En un mot, le travailleur se nourrit mal et par suite produit peu.

Mais il est de l'intérêt du commerce, de l'industrie, du bien-être général de se préoccuper d'un pareil état de choses. Que le chef d'usine, que le manufacturier, ne pense pas voir s'améliorer sa situation, qu'il ne songe point pouvoir lutter avantageusement avec certains de nos voisins, à cet égard plus positifs que nous, s'il ne contribue pas à faire entrer dans nos mœurs ce principe incontestable : « Pour multiplier les produits, il faut savoir accroître les forces productrices.

La science dit que, dans l'organisation humaine, « le travail accompli par le cœur, pendant 24 heures, représente une force suffisante pour élever 69,000 kil. à la hauteur d'un mètre ; celui des poumons, élèverait 11,000 kil. à la même hauteur. — Lorsque l'homme travaille toute la journée, il dépense une somme de forces assez considérable pour élever 109,000 kil. à la hauteur de 1 mètre; cette nouvelle dépense vient alors s'ajouter a celle qui précède. » Car, en effet, notre économie s'approprie d'abord la somme de forces que réclament les fonctions de ses organes. Or, qu'on se figure une alimentation défectueuse, et le surplus de puissance musculaire destiné au travail est singulièrement réduit.

Ainsi, toutes les forces dont l'homme dispose sont empruntées à ses aliments, et il ne fait que les transformer ; d'où vient qu'il y a *force* ou *énergie latente* et *énergie* ou *force vive*. La force latente, tirée des aliments, est emmagasinée dans les cellules musculaires, et, à un moment donné, mise à l'état de force vive sous les excitations nerveuses de la volonté. A son tour, la force vive se transforme en produit industriel.

Nous manquons de place, aujourd'hui, pour donner à cette question tous les développements qu'elle mérite. Bornons-nous à faire remarquer combien il est indispensable, pour la fortune publique, que de pareils enseignements soient vulgarisés. Tous nos efforts tendront à propager des notions profitables, dans leur pratique, au développement des affaires.

L'Académie des sciences, dans une séance de fin octobre dernier, à entendu la lecture d'un mémoire de M. Hervé Mangon, dans lequel il est établi que la ration alimentaire de l'habitant des campagnes est insuffisante pour produire une quantité de travail considérable. « Au point de vue de l'intérêt général du pays, dit le savant académicien, l'amélioration de la nourriture du travailleur agricole s'impose comme une nécessité de premier ordre. Augmenter la ration du cultivateur, c'est concourir à l'accroissement et à la richesse du pays tout entier. »

Nous éprouvons une certaine satisfaction à rappeler que, jusqu'à ce jour, nous n'avons pas dit autrement.

L. Préval.

INDUSTRIE

DES ARBRES, DES BOIS

ET DES DIVERS MOYENS DE LES CONSERVER

I

Le règne végétal, comme le règne animal, est sujet à des accidents qui dérangent le cours de ses fonctions vitales, en attaquant les éléments de ses tissus : ces accidents ou affections se nomment maladies. — Dès qu'il est mort, dès que ses organes ne fonctionnent plus, le végétal, toujours de même que l'animal, manifeste les divers effets cadavériques qui réduisent alors l'être organisé à l'état de ruine et de poussière, pour lui faciliter son retour au milieu des forces latentes de la nature, et le préparer ainsi à mille transformations aussi sublimes que merveilleuses. — Telle est l'œuvre de Dieu : c'est toujours au profit de l'existence d'un autre être qu'un être lui rend la vie.

Mais les exigences de la vie de l'homme ont rendu celui-ci attentif et ingénieux; il s'est demandé, il se demande chaque jour, si la puissance divine, tout en donnant à la nature des lois générales, qui la ramènent sans cesse au même point de départ, n'a pas permis qu'on usât des propriétés virtuelles de certains agents physiques, pour éloigner, temporairement, un terme qui nous semble fatal parce que nous le prenons pour le néant.

C'est ainsi que, préoccupés uniquement du fond de cette pensée, nous avons organisé au sein de nos sociétés humaines des compagnies d'observateurs qui s'empressent de recueillir, dans des expériences et auprès de l'initiative privée, des notions propres à nous armer contre les desseins de la Nature. Sorti du milieu de ses propres éléments, l'homme veut rarement y rentrer; et, se trouvant bien tel qu'il est, il cherche à se conserver la vie et à jouir le plus longtemps possible des objets que Dieu a placé sous sa main. Voici bien l'histoire de l'industrie.

II

Parmi les maladies qui attaquent les arbres, il faut principalement citer la *carie*, la *pourriture*, l'*échauffement*, la *vermoulure*, etc., qui rendent les bois impropres aux besoins de la construction et des travaux de marine; les meilleures pièces sont atteintes tôt ou tard. On dit cependant qu'elles se conserveraient *indéfiniment* (?) dans l'air sec et dans l'eau privée d'air. Il est certain que l'action alternative ou simultanée de l'eau, de l'air et de l'humidité permet au bois d'absorber de l'oxygène, de dégager de l'acide carbonique et de se décomposer : il se pourrit après avoir montré les premiers symptômes de l'échauffement. En dehors de ces accidents, il est sujet à devenir la proie du parasitisme : il tombe en ruine par le travail incessant de petits vers destructeurs. Une autre espèce de parasites n'est peut-être pas aussi redoutable, ce sont ces excroissances végétales qui se développent à la surface des arbres et qu'on appelle champignons, agarics, etc.

Le désir de prolonger la durée des bois a suggéré à l'industrie divers procédés dont nous nous proposons d'examiner ici les principaux.

La conservation des bois peut être assurée par le concours de plusieurs agents chimiques, parmi lesquels peuvent être comptés le *borax*, les *sels de fer*; le *sulfate de cuivre*, la *créosote*, les *huiles*, le *goudron*, etc. — Ce ne sont pas, on le remarquera, les substances conservatrices qui font défaut, bien que chacune d'elles apporte des qualités plus ou moins limitées ; mais c'est leur application industrielle, c'est l'injection, la pénétration de ces mêmes substances dans les pièces de bois ; en un mot, c'est le côté pratique qui souvent présente de grandes difficultés. Il arrive, en effet, que les bois durs, ceux chargés de résines, ne peuvent s'imprégner suffisamment des teintures, des solutions quelconques avec lesquelles on les traite. Au résultat, c'est donc comme si la substance conservatrice ne présentait aucune efficacité.

Nous allons donc, avant d'examiner les nombreux agents proposés pour la conservation des bois, parler des quelques méthodes propres à débarrasser les bois des sucs résineux qui encombrent leurs mille et mille canaux microscopiques.

Mais, au préalable, indiquons un bon remède qu'il est utile d'administrer aux arbres encore en terre, pour les préserver de certaines maladies et des attaques du parasitisme, qui souvent les altèrent dans leur développement.

Jusqu'à ce jour, on avait employé, contre les mousses, les agarics, les vers, des substances telles que la chaux, le soufre, l'alcool, etc. Chacune de ces matières donnait des résultats plus ou moins satisfaisants. M. Adam, des Chapelles (Indre), a depuis longtemps découvert que les trois substances désignées faisaient justement le fond d'une ancienne recette recommandée dans un vieux bouquin. La voici : « Faites dissoudre dans l'eau 15 litres de chaux, et, celle-ci refroidie, ajoutez 500 grammes de fleur de soufre et un litre de trois-six, auxquels vous mélangerez 1 kilogr. de noir de fumée. — Après avoir raclé l'arbre avec une brosse dure, barbouillez-le de l'enduit obtenu. »

M. Adam, qui a mis plusieurs fois à profit cette ancienne formule, déclare avoir parfaitement réussi « à transformer en sujets sains, vigoureux et à peau bien lisse, des arbres auparavant couverts de mousses et d'insectes. »

Passons maintenant aux systèmes de pénétration des bois, en tête desquels nous plaçons le procédé découvert par M. Hossard (chirurgien orthopédiste, à Angers), parce qu'il nous paraît supérieur.

« On sait que, dans la nature, tous les corps poreux dilatés par la chaleur, ont la propriété (ce que font les plantes pendant la nuit) d'absorber les liquides qui les enveloppent à mesure qu'ils se condensent par le froid. La manière la plus rationnelle et la plus simple de pénétrer les bois de la substance propre à les conserver ou à les teindre intérieurement, est donc de chauffer fortement ces bois à la vapeur ou dans l'eau bouillante, qui les débarasse de leurs sucs végétaux ou de leurs résines, et dont on les retire, dès que la chaleur les a gagnés profondément, pour les plonger immédiatement après, dans une solution ou teinture quelconque, qui est froide et se trouve, par suite, très facilement absorbée par les pores du bois. » Des expériences, plusieurs fois renouvelées, ont conduit aux plus beaux résultats.

Le procédé de M. Verrier est également assis sur le principe de l'absorption ; mais, cette fois-ci, de l'absorption vitale, en ce sens qu'elle exige que les bois; quoique mutilés, n'aient pas encore, pour ainsi dire, rendu *leur dernier soupir*. Voici la description rapide de ce système d'ailleurs fort connu : « On coupe les bois depuis le mois d'août jusqu'à la fin d'octobre ; on enlève aussitôt toutes les branches latérales, en conservant seulement un bouquet de feuilles à l'extremité supérieure de chaque perche. Ces bois, proprement coupés ou sciés, afin que tous les pores soient ouverts et disposés à l'absorption, sont immédiatement placés verticalement dans des tonneaux défoncés par un bout et remplis de la solution conservatrice. Le bouquet de feuilles laissé à la partie supérieure de chaque perche détermine bientôt l'ascension complète du liquide préservateur. » — Disons que la solution adoptée par M. Verrier est celle-ci : « 3 à 4 kilogrammes de sulfate de cuivre dans chacun des tonneaux rempli aux trois quarts d'eau. »

(*A suivre*) Y. DE VILLENEUVE.

INVENTIONS, DÉCOUVERTES

CONNAISSANCES UTILES

INCUBATION ARTIFICIELLE

On a toujours cherché le moyen de remplacer la poule, dans ses attributions maternelles ; il paraîtrait que l'on y est parvenu. — En parcourant les recueils scientifiques de l'année, pour nous rendre compte des principales conceptions du génie humain pendant l'année 1874, nous avons trouvé la description de la *couveuse-éleveuse* deM. Deschamps. Cette machine comprend deux appareils, dont le premier, la, *couveuse*, se compose d'une boîte à tiroirs, au milieu de laquelle est disposée une chaudière, qui maintient dans les tiroirs une température de 40 à 41 degrés, Les œufs ayant été placés dans les compartiments de cette boîte, au bout de quelque temps et moyennant certains soins de chaque jour, ils ne tardent pas à éclore.

C'est alors qu'arrive le moment d'employer le second appareil, qui a reçu le nom d'*éleveuse*.

M. Deschamps a construit son éleveuse d'après les données de Réaumur. Que l'on se figure une boîte carrée, fermée par un couvercle treillagé. Sur la paroi intérieure est établie une chaudière entourée, sur une certaine partie, d'une fourrure sous laquelle viennent se réchauffer les poussins. Ces petits ont près d'eux un vase rempli d'eau : ils grandissent là, on peut le dire, dans une véritable boîte à coton.

Sur trois-cents œufs de perdrix de Californie ainsi traités, M. Deschamps a obtenu 270 éclosions, et les poulets, arrivés à l'état parfait, ont été au nombre de 230. — La perte des œufs ne dépasse guère le chiffre de 12 pour cent.

APPAREIL FRIGORIFIQUE DE M. CH. TELLIER

Dans notre premier fascicule, l'un de nous faisait appel au commerce français pour l'inviter à suivre l'exemple des Anglais et des Américains, qui ont déjà tenté, avec un certain succès, l'importation des viandes fraîches. Les procédés employés pour la conservation de la substance animale laissaient, toutefois, quelque perfectionnement à désirer. Nous sommes heureux de pouvoir aujourd'hui faire mention de l'appareil frigorifique que M. Tellier a mis à l'épreuve dès la fin de l'année 1873, et qui vient de figurer avec honneur parmi les divers objets reçus à la récente exposition d'insectologie de Paris.

C'est au moyen de l'éther méthylique, découvert en 1835 par MM. Dumas et Péligot, que *l'air* contenu dans la chambre où sont disposées les viandes, est *refroidi* et ramené à une température voisine de 0°. — Cette action conservatrice est des plus efficaces. Nous regrettons de ne pouvoir décrire l'ensemble des dispositions de la machine de M. Tellier ; cela demanderait le secours de quelques dessins figuratifs ; en revanche, et c'est le principal, nous allons fixer l'attention de nos lecteurs par les résultats que son application industrielle a obtenus :

	DATES DE LA MISE EN OPÉRATION.		DURÉE DE L'OPÉRATION
2 Gigots, — 2 Moutons	: 29 novembre	1873.	. . . 45 jours.
1 — 1 »	: 23 décembre	»	. . . 40 »
Gigots, Poulets, Homards	: »	»	. . . 49 »
Gigots, Poulets, Côtes	: 30 janvier	1874.	. . . 40 »
Lièvre — —	: 1er février	»	. . . 36 »
Lièvre, Perdrix, etc.	: —	»	. . . 42 »
Moutons —	: —	»	. . . 58 »
Lièvres, Perdrix	: —	»	. . . 53 »
Cuissot de bœuf, 70 kil.	: 10 mai	1874	. . . 59 »

Enfin, le morceau présenté à l'exposition était du 9 janvier : donc il est resté plus de 9 mois en parfait état. (*Science pour tous.*)

Ce sont ces expériences, faites à Auteuil, qui ont servi de base au jugement de la commission déléguée par l'Académie des sciences. — Dans la séance du 5 octobre, M. Bouley a lu, au nom de cette commission, un rapport développé et très favorable sur la machine de M. Tellier, et propose à la savante Compagnie d'adresser des remercîments à l'inventeur. Il serait fort à désirer que le commerce s'intéressât aux applications industrielles de cette heureuse invention. Il y aurait là deux grands buts à atteindre : payer l'inventeur d'une juste reconnaissance et rendre *d'incalculables* services à la société française.

ERREUR COMMERCIALE :

Du Kirsch et de sa coloration en bleu. — Le commerce persiste à repousser, comme étant falsifié, le kirschenwassen qui ne se colore pas en bleu sous la réaction que détermine la poudre ou la teinture de gayac. Ce moyen de reconnaître la pureté du kirsch a toujours paru douteux à M. Boussingault, qui, par un certain nombre d'expériences, constata des anomalies flagrantes dans les effets du nouveau réactif. Le gaïac tantôt colorait, tantôt ne colorait pas des kirschs de même provenance.

Il résulte des expériences dues à M. Bouis, et communiquées à l'Académie par M. Boussingault, « que la coloration du kirsch par le gaïac provient des *traces de cuivre* apportées par les alambics. C'est en présence de l'acide prussique toujours renfermée dans le kirsch, qu'a lieu la réaction dont il s'agit. M. J[n] Boussingault a dosé 0 gr., 10, d'acide prussique dans un litre du Kirschenwassen du Liebfrauenberg.

Ainsi, c'est à tort que le commerce prend la coloration en bleu pour garantie de la pureté du liquide. Or, si cette coloration ne démontre pas l'idée d'une fraude coupable du moins, elle explique la négligence des distillateurs qui ne tiennent pas leurs alambics dans un état convenable de propreté.

Mais insistons sur une conséquence facile à déduire de cette déplorable erreur, c'est que, si le commerce s'obstine à demander des kirschs bleuissant sous l'action du gayac, il ouvrira infailliblement la voie aux falsifications les plus criminelles. Il est donc utile de répéter, dans l'intérêt de tout le monde, qu'on aura la certitude de la présence d'un sel de cuivre dans le kirsch quand celui-ci se colorera en bleu à l'aide du réactif en question.

NETTOYAGE DES TONNEAUX INFECTÉS DE MAUVAIS GOUT.

Nous trouvons, dans la *Culture*, une excellente méthode pour détruire les moisissures et les mauvais goûts qui se manifestent dans les tonneaux mal soignés.

Jusqu'à ce jour, on a recommandé l'emploi du vitriol plus ou moins étendu d'eau ; mais le vitriol est épais et forme avec les moisissures une couche pâteuse qu'on ne peut guère enlever qu'en défonçant d'un bout le tonneau.

Voici qui abrège très heureusement le travail :

« Avant tout, on verse dans le fût infecté, un ou deux verres d'ammoniaque liquide à 22° » ; on roule le fût pour le promener sur toute la surface et en intérieure, prolonge le contact pendant une heure ou deux. Très liquide, l'ammoniaque pénètre partout et dissout les moisissures.

« On la rejette, puis on passe le fût au vitriol, qu'on emploie selon la méthode ordinaire. A l'aide de cette double action, on détruit tous les mauvais goûts *sans enlever ni cercles, ni fond*. Seulement, il faut toujours *recommencer* par l'ammoniaque et finir par le vitriol. »

Les négociants en liquides pourraient donc tous avoir dans leurs magasins une certaine quantité d'ammoniaque et de vitriol à cette double fin. Les tonneaux infectés se vendent à vil prix ; l'ammoniaque et le vitriol, pris en gros, coûtent peu : 50 à 75 centimes le litre environ.

La spéculation peut donc acheter à bon compte des tonneaux infectés, les remettre en bon état par cette opération peu dispendieuse et réaliser d'assez beaux bénéfices.

Xavier Lucas.

PARTIE VINICOLE

VIGNES ET VINS PYRÉNÉENS

I

La vigne est pour les départements Pyrénéens l'agent le plus sûr de la fortune publique. — Outre qu'elle est la plante qui donne les produits les plus rémunérateurs, elle a cette puissance colonisatrice qui attire et fixe les hommes. — Richesse et population : tels sont les deux grands résultats de sa propagation. Aussi, la prospérité du pays est-elle intéressée à sa bonne culture comme au progrès de la vinification, aujourd'hui surtout que le vin est justement considéré comme un aliment de premier ordre.

Il y a peu d'années, les Basses-Pyrénées ne pensaient qu'aux céréales, aux lins, aux prairies, aux bois, qui *ruinent* quelquefois, et on ne donnait aucun soin à la vigne, qui enrichit toujours ; personne ne s'occupait d'elle, excepté le fisc qui lui demandait ses meilleures, presque ses seules recettes. — Mais, après s'être ainsi égaré pendant des siècles dans le sentier des vieilles habitudes, ce département à fait appel à la science économique. Celle-ci, éclairant la route et chassant devant elle les ombres du passé, lui a montré dans la viticulture une sève de prospérité sans égale, prospérité qui ne peut courir aucun danger à cause de la spécialité des vins, dont la supériorité est due au climat et au sol. — Cette contrée possède, en effet, dans les éléments géologiques de ses terres, dans les rayons de son soleil, dans les couvants de son air, dans ses accidents topographiques, ces rares qualités qui donnent à la fois la tonicité, l'arôme, la délicatesse et la couleur. Elle a créé de tout temps des produits qui ont joui d'une faveur signalée, comme en témoignent les chroniqueurs et les historiens qui mentionnent spécialement le *Vin de Gaye réservé*, avant 89, *pour la table du roi.*

Dans les Pyrénées, la vigne est prodigue. Elle donne, au printemps, des masses de fleurs ; à l'été, des feuilles innombrables du plus beau vert; à l'automne, des trésors de raisins blancs, roses, rouges, noirs, jaunes ambrés ; elle offre, à la taille de l'hiver, de magnifiques pampres, riches de sève, gros et longs.— Qu'on plante la vigne au pied d'un arbre : elle l'enlace, pour aller chercher l'air, l'espace et le soleil, par des tiges aventureuses au-dessus des plus hautes branches. Elle ne craint pas la roche volcanique, les sables granitiques, les schistes laurélaires ; ses racines pénétrantes en fouillent les entrailles, et y trouvent les éléments qui lui permettront de tapisser les terrains arides de son vigoureux feuillage.

Une telle exubérance était suffisante pour imprimer à la viticulture une marche forcée. — Les lois économiques et sociales, la concurrence commerciale des peuples, et ce fait que les distances sont supprimées par la vapeur, et les conditions de la production nivelées par les débouchés, devaient de même la jeter en avant. — Aussi, depuis 1860, a commencé pour elle une ère de développement rapide. — La vigne étant de plus en plus cultivée, au mouvement d'accroissement de chaque jour on doit prévoir sûrement que sous peu d'années la zone Pyrénéenne entrera pour une large part dans l'alimentation française. Ce mouvement ne peut se ralentir, nul pays n'ayant plus qu'elle des motifs pour s'y abandonner en toute confiance : altitude, climat, situation géographique, fins cépages, représentation établie, et, par dessus tout, impossibilité de se livrer à une autre culture industrielle.

Le département présente des conditions géologiques et topographiques essentiellement excentriques et qui n'appartiennent qu'à lui.

Encadré dans les lignes grandioses des montagnes, il est partout marqué d'un caractère particulier, très-favorable à la création des bons vins.

Des vignes, des champs, des prés, des bois taillis s'étalent au premier plan et descendent jusqu'à la plaine ; puis, des groupes de coteaux, s'élevant en amphithéâtre, viennent mourir sur les vallées avec des pentes insensibles ou présentant des rampes rapides. Ils conviennent merveilleusement à notre plante : les premiers pour les bons vins d'ordinaire et de consommation directe, les seconds pour les grands vins de luxe ou de l'exportation. — La magnificence de la nature est immense : en échange d'un travail facile et peu coûteux, elle prodigue des récoltes de la plus riche exubérance. — Et cependant, quoique favorisé dans son climat et dans ses terrains accidentés, le cultivateur laisse des sols de grande étendue livrés à la végétation spontanée. Ceux-ci forment des déserts dont la rivière fait un saisissant contraste avec la richesse des champs qui les entourent : on dirait que cette persistance de brandes veut braver la civilisation et le progrès.

Aujourd'hui, la voie est ouverte avec améliorations viticoles. La culture de la vigne, la fabrication du vin se perfectionnent de tous côtés. — Déjà sont créés ou se créent partout des Comices agricoles. Ceux-ci sont particulièrement utiles à la viticulture. Ils excitent l'émulation, luttent victorieusement contre l'esprit de routine et finissent par triompher de lui. Ils chassent les hésitations des retardataires par le spectacle des progrès acquis ; ils groupent des hommes intéressés à s'entretenir des choses de la vigne, et constituent ainsi une sorte d'école mutuelle ; ils impriment enfin à tous une marche prudente, mais sûre.

De plus, dans chaque arrondissement se trouvent des hommes éclairés qui, dans la sphère de leur action, ne reculent devant rien pour élever les enseignements vinicoles au niveau des besoins qu'ils sont appelés à satisfaire, ils ont arraché la viticulture à son sommeil léthargique : quelques essais réussis, quelques salutaires exemples donnés, ont conduit aux résultats les plus heureux, joignant à un infatigable dévouement les ressources d'une vive intelligence, et voulant inaugurer l'ère des entreprises fécondes, ils ont réveillé la vie dans les champs, stimulé l'initiative individuelle : en un mot, ils ont créé une force qu'ils ont mise à la disposition de l'activité productive. — Sans doute, à côté d'eux se rencontrent, dans les Pyrénées comme partout, des hommes stagnants qui, se renfermant dans leur creuse personnalité, acceptent toute idée nouvelle avec le sourire d'une stupide incrédulité, qui commencent par tout nier, et vous répondent, nouveaux Prudhommes, qu'on ne produit pas des récoltes avec des idées et des livres. — Sans doute, la lutte sera longue ; mais la victoire est certaine, parce que l'initiateur éclairé, ne pouvant s'adresser à l'intelligence du viticulteur qui souvent n'a pas subi l'heureuse influence de l'instruction, tend à parler à ses yeux par l'exemple de cultures perfectionnées. — Qu'on soit certain que le praticien ne restera pas en dehors du mouvement qui est donné à l'esprit de progrès par cet enseignement. Ses idées sont éveillées, et, si elles n'ont pas jusqu'à ce jour imprimé une marche plus rapide à la culture, c'est qu'il ignore encore les procédés à appliquer à la nature spéciale de ses terres.

En résumé, tout s'agite et s'anime : l'initiative de quelques propriétaires, l'impulsion qu'ils ont donnée, ont révolutionné ces contrées naguère endormies ; les Comices, la Société d'agriculture, par l'exemple, par l'enseignement, poussent à l'extension des vignobles. — On trouve dans les Basses-Pyrénées, chacune avec sa physionomie fortement accentués, d'un côté, la viticulture du passé, vivant d'habitudes surannées, de traditions et même de légendes ; d'un autre, la viticulture moderne, venant demander à l'alliance du travail, de l'intelligence et du capital, sa richesse et sa dignité, et cherchant par tous les moyens à se rendre industrielle. A ne considérer que ces tendances opposées, on dirait que, dans cette contrée, la civilisation et le progrès ont inégalement répandu leurs bienfaits ; car les uns marchent toujours du même pas et mécaniquement, sans essayer même de satisfaire au développement des besoins locaux, tandis que d'autres, plus hardis, mieux favorisés, osent procéder par l'intelligence et les capitaux, et envisager un horizon inconnu des premiers.

II

Les Basses-Pyrénées constituent une légion de propriétaires, tant la terre y est divisée. La vigne est chez chacun d'eux. Elle s'empare petit à petit des terrains qui lui conviennent ; elle grandit portant l'aisance, et tend ainsi à devenir le banquier de chaque exploitation agricole ; on est surpris devant les résultats déjà obtenus : richesse accrue, mise en valeur des terres incultes, création de nouveaux produits.

La prédominance du vin rouge étant certaine dans la consommation, chaque jour diminue le terrain consacré aux vignes blanches, qui, complanté en plants très-fins, donne les grands vins d'exportation pour la Belgique et la Hollande.

En même temps qu'un climat d'une clémence et d'une générosité sans pareille, les vignobles des côtes possèdent ce qui fait partout les bons vins: le sol, le cépage. — Le vigneron a emprunté les meilleurs plants du Bordelais et de la Bourgogne, pour les substituer à d'autres moins fins, même à ceux qui étaient acclimatés depuis des siècles. Il recherche ceux qui, joignant la quantité à la qualité, peuvent donner abondance et finesse. Le cépage qui fournit le bouquet et le feu, il le fond dans une heureuse alliance avec celui qui apporte la couleur et le corps. Il cherche ainsi à venir en aide à ce concours de circonstances qui fait les crûs remarquables, c'est-à-dire à certaines conditions de terrain, d'exposition, de climat et d'humidité ou de sécheresse du sol.

Cependant, à une époque comme la nôtre, où l'on veut jouir vite et beaucoup, certains vignerons s'adressent aussi aux cépages réputés seulement pour leur fécondité. Ils oublient trop en cela le précepte de l'Écriture qui veut qu'on détruise les mauvais plants et qu'on multiplie les bons.

Les vignobles du département se divisent en quatre régions, qui, réunies, ont 35,000 hectares de vignes. — La côte Jurançonnaise, qui s'étend de Narcastet à Monein, en inclinant vers la montagne, produit de grands vins de luxe et d'exportation, et aussi de très-bons vins rouges. — Le Vicbill, qui va de Garlin à Lembeye, donne des vins rouges dans le genre des madirans et des vins blancs alcooliques et sucrés, qui peuvent rivaliser avantageusement avec les meilleurs produits de même nature du Midi. — La zone d'Orthez et de Salies a des vins chauds d'alcool et de couleur, plus particulièrement propres aux campagnes. — Enfin, le pays basque et l'arrondissement d'Oloron, outre de bons vins de consommation directe, donnent naissance à des produits supérieurs, tels que les vins d'Irouléguy, près de St-Jean-Pied-de-Port et d'Arrast, entre Mauléon et Navarreins. (A la dernière exposition de Lyon, M. Dambourgès, propriétaire à Arrast, n'a pas craint d'aller se mesurer avec les vins de la Bourgogne et des côtes du Rhône, et il a obtenu un diplôme d'honneur pour sa *riche et belle exposition.*)

Mais, disons-le haut, le Jurançon rouge fait avec le Bouchy, le Jurançon blanc fait avec le Meuseng, possèdent toutes les qualités : alcool, corps, bouquet, robe ; il ne leur manque rien. Ils ont surtout un caractère original qui les distingue de tous les autres vins. — C'est bien là le produit qui donne la chaleur à la tête, le brillant aux yeux, la saillie à la langue. Avec lui, pendant que toutes les facultés intellectuelles s'exercent merveilleusement, le corps est plus souple et plus agile, l'estomac plus léger, les forces plus grandes. — La côte Jurançonnaise offre l'expression la plus haute et la plus connue des vins Pyrénéens.

Dans le Vicbill, les vins ont un goût de fruits caractérisque et agréable, un magnifique brillant, de la couleur. Dès la première année, ils offrent un arome légèrement parfumé qui annonce des produits de noble origine.

A Orthez et Salies, les vins se distinguent par leur énergie, par le développement de leur bouquet : ils ont surtout des qualités sensuelles et physiologiques.

A Irouléguy, à Arrast, les vins se comportent merveilleusement : saveur délicate, bouquet, fermeté, générosité, surtout action digestive et tonique.

Partout abondance de vins alimentaires, bouquetés et corsés, destinés à faire la fortune du commerce qui jettera ses yeux sur eux.

Le concours régional de Pau réunissait plus de 300 échantillons qui présentaient des qualités distinguées et diverses, et qui, fins, droits, coulants, témoignaient que les Pyrénées ont dans la vigne une mine inépuisable de richesses.

Ces vins obtiendront sous peu une juste célébrité ; il ne leur manque qu'une occasion pour les mettre au jour. — N'en est-il pas des vins comme des hommes? leur mérite seul ne suffit pas : il leur faut un heureux hasard qui les retire de l'ombre.

La France a une production déjà si excessive de boissons mal constituées, que, dans l'intérêt du commerce sérieux, il nous a paru utile d'attirer l'attention sur des vins qui ont tous les principes robustes.

Pouvons-nous nous empêcher de signaler ici l'esprit un peu exclusif et particulièrement systématique qui domine le grand commerce Bordelais dans toutes ses opérations, et qui lui a fait négliger les vins des Basses-Pyrénées.

Sans doute, une immensité de landes nous séparait de Bordeaux, et l'on comprend que les deux contrées soit restées longtemps étrangères l'une à l'autre, au point de vue du commerce des vins ; mais, aujourd'hui que les chemins de fer ont établi entre elles des communications faciles et rapides, on s'étonne que les Bordelais ne viennent pas demander aux produits Pyrénéens de la tonicité, de la fermeté, de l'alcool pour leurs vins de l'exportation. — Traités par eux, avec cette intelligence vinicole qui les distingue, nos vins offriraient des éléments précieux, qui entreraient pour une large part dans les expéditions vers les pays du Nord : ils sont de beaucoup supérieurs à ceux de Cahors et à tant d'autres, si recherchés par le commerce Bordelais pour donner de la couleur et du corps à leurs vins de graves et à leurs petits vins.

Les Pyrénées doivent devenir la source d'où le Bordelais tirera, pour les besoins de son immense commerce, des quantités considérables de vins solides.

Nous croyons fermement que ces deux forces (la Gironde, les Basses-Pyrénées) sont nécessaires l'une à l'autre, et toutes les deux à l'intérêt national. — C'est là l'idée qui a dictée les lignes qu'on vient de lire.

R. DÉJERNON.

Les pages qu'on vient de lire, remarquables à plus d'un titre, émanent d'une plume bien connue et très autorisée en matière vinicole.

M. Romuald Déjernon, membre de la Société d'Agriculture des Basses-Pyrénées, poursuit dans ce département un noble but Il a entrepris, depuis longues années déjà, de pousser vivement les Béarnais à la culture de la vigne, les aidant de ses bons conseils et de ses connaissances en viticulture. — Nous pouvons dire qu'il n'a pas perdu son temps : ses appels successifs ont été entendus ; ses encouragements sont accueillis par les nouveaux viticulteurs avec la plus vive satisfaction. Les vins pyrénéens sont aujourd'hui dignes du plus haut intérêt.

Dans un avenir prochain, on pourra dire qu'en plaidant la cause de la substitution d'une culture lucrative à une culture infructueuse ou insuffisante, M. Déjernon a résolu, à lui seul, le fameux problème de l'*émigration du Sud-Ouest*.

Pour faciliter la tâche qu'il s'est imposée, M. Déjernon a fondé la *Revue Pyrénéenne*.— Il a bien voulu, enfin, assurer au *Mémorial* le concours de sa plume. Nous croyons que nos lecteurs, particulièrement le commerce Bordelais, prêteront une oreille attentive à tous ses bons avis.

CH. LOZES.

LA SOCIÉTÉ ŒNOLOGIQUE

EN VOIE DE FONDATION A BORDEAUX

I

Un de nos amis, négociant et propriétaire d'un vignoble bien connu, venait justement de nous engager, par de judicieuses considérations, à rechercher les moyens les plus propres pour prévenir la sophistication des vins, et, par suite, propres aussi à ramener le commerce de notre région dans la sphère élevée qu'il occupait autrefois, en raison de la haute confiance que lui apportait le consommateur, — qui, bien entendu, savait alors payer raisonnablement les prix des produits auxquels la Gironde doit sa belle réputation vinicole, — lorsque nous avons reçu la visite d'un des principaux membres de la *Société Œnologique*, société unique en son genre, en voie de formation dans notre ville. Le *Mémorial* doit à l'obligeance de notre visiteur, la communication du programme de cette utile Société, qui poursuivant un noble but, est appelée à rendre d'éminents services au public en général, et au commerce des vins en particulier.

Nos lecteurs nous sauront gré, sans nul doute, de leur avoir résumé ce programme, que nous avons fait suivre de quelques considérations capables de répondre aux vœux formés par le négociant-propriétaire dont nous avons d'abord parlé.

II

La Société Œnologique de Bordeaux a pour but capital de combler la lacune qui se fait vivement sentir toutes les fois que le corps médical, au chevet des malades, pense pouvoir prescrire les cordiaux vineux, appartenant en médecine, à la catégorie des *stimulants diffusibles*. — Personne n'ignore, en effet, la nature des difficultés que rencontrent infailliblement les malades lorsqu'ils veulent se procurer, dans le commerce, des vins *purs*, répondant à leurs impérieux besoins. Ceux-là mêmes d'entr'eux qui sont placés sur les lieux de production. se heurtent également aux mêmes embarras. Il serait superflu d'en exposer la raison. — Pour qu'un vin produise ses effets salutaires, il faut qu'il ait conservé des conditions primordiales, dues au sol, au cépage, à l'année qui l'ont produit, etc. Il faut surtout qu'il soit exempt de fraude. Or, quelles sont les garanties obtenues, par les malades, auprès du débitant, qui n'apprécie les qualités des vins contenus dans sa cave que par rapport aux bénéfices pécuniaires que la vente de ceux-ci lui procurent?... — En dehors des vins médicinaux, dits de quinquina, aromatiques, etc., le pharmacien ne saurait tenir — ne pouvant les donner pour naturels — ces précieux cordiaux, dont plusieurs réunissent à leur action stimulante une vertu fortifiante qu'ils tiennent de leur composition. On sait, par exemple, que les vins de Bordeaux-Médoc tirent de la nature géologique du sol un principe ferrugineux d'une *tonicité* absolument incontestable.

La Société Œnologique s'est donc proposée de créer sur tous les points possibles, à commencer par les principaux lieux de production, des comptoirs et des caves ayant pour objet la vente des *vins naturels*, des *types originaires* des principaux crûs de France.

Voulant, d'ailleurs, se vouer d'une façon consciencieuse, et au point de vue de tout progrès, aux soins d'une entreprise spécialement fondée dans l'intérêt de la partie souffrante de l'humanité, cette Société s'entoure des conseils et des lumières de tous les hommes spéciaux les plus connus et les plus estimés. Elle est, en outre, assistée du concours actif d'une commission de surveillance, composée : d'un *courtier*, pour préciser l'année et le crû du vin ; d'un *chimiste*, pour l'analyser; enfin, d'un *docteur* en médecine, pour en assigner la destination médicale, suivant la variété et la vertu des éléments qui le composent.

L'idée première de la fondation de la Société étant partie d'une de nos principales stations d'hiver du Midi, elle a été immédiatement approuvée et recommandée, au point de vue hygiénique et médical, par un grand nombre de docteurs français et étrangers, qui apprécient hautement tout le mérite d'une pareille entreprise.

III

Telle qu'elle s'offre à notre appréciation, avec de pareilles bases de garantie et de conception, il est évident que la Société Œnologique est appelée à devenir le puissant auxiliaire du commerce, en même temps que celui du corps médical. Eh quoi ! nous trouverons dans ses magasins, dans ses caves, « les types originaires de tous les crûs de France », par lots scrupuleusement analysés, classés, scellés, garantis conformes aux échantillons qui auront servis aux épreuves chimiques, et les attributions de cette Société ne s'appliqueraient qu'aux besoins (déjà énormes) de ceux qui disputent leur santé aux mille maux qui nous affligent ? — Nous voyons, nous, dans les conditions constitutives de cette louable entreprise, le moyen infaillible de justifier, aux yeux de la clientèle sérieuse, les efforts multiples du commerce sérieux. Nous apercevons dans la création de ces comptoirs, où l'honnêteté des moyens inspirera la confiance d'un public obligé, nous y apercevons la seule organisation capable de mettre un frein à cette concurrence déloyale que subit forcément cette classe de négociants qui préfèrent réduire le cercle de leurs affaires plutôt que d'avoir recours à la sophistication ou aux moyens peu avouables.

N'est-ce précisément pas cette même classe (car, Dieu merci ! elle renferme en son sein un grand nombre de commerçants, aussi intelligents que dévoués à la cause dont il s'agit), ne sont-ce pas ces élites du négoce qui ont provoqué, dans l'Hérault et ailleurs, les investigations auxquelles se sont livrés certains corps constitués pour prévenir la fraude qui nous désole ? La Chambre de commerce de Montpellier, celle de Nîmes, la Chambre de Bordeaux, ont toutes été saisies de l'importante question que nous abordons. Peut-être n'ont-elles pas pris de résolutions décisives faute de pouvoir rencontrer sous leur main un correctif qui, par sa nature ou sa portée, n'obligeât à des rigueurs émanant de haut lieu. Or, nous sommes trop prévenus en faveur de la liberté commerciale, pour ne pas croire que toute intervention du pouvoir législatif, dans de semblables questions, ne se retournerait sans cesse contre le but que l'on s'est d'abord proposé. Il faut donc se borner, en pareille conjoncture, à faire appel à l'initiative du commerce loyal : après quelques faits et un peu d'expérience, celui-ci trouve toujours le moyen le plus simple et le moins arbitraire.

La preuve de ce que nous avançons se trouve justement dans la fondation de la Société Œnologique. En offrant aux consommateurs, et au commerce même, des vins de nos grands crûs dans les conditions que l'on sait, consommateurs et commerçants seront mis en garde contre les marchands de boissons artificielles. Veut-on acheter du Vougeot de 1870, par exemple ? On s'adresse à la Société Œnologique de Bordeaux qui, sur sa facture, donne la composition chimique du type originaire représentant le Vougeot de 1870. Nous exposons ici ces détails en deux mots : il nous resterait peut-être à démontrer le côté pratique de toutes ces opérations. C'est précisément ce que nous permettra d'étudier, à cette place, l'avenir même de la Société en question. Pour l'instant, nous savons qu'elle s'est mise en relation avec quelques sommités scientifiques. Sans doute pourra-t-elle fonctionner bientôt. Espérons qu'il nous sera permis de nous entretenir, dans notre prochain fascicule, des progrès qu'elle aura fait et des services quelle aura rendus. En attendant, disons en substance que le moyen recherché pour prévenir la fraude des vins est aujourd'hui trouvé par la Société Œnologique, et que, conséquemment, celle-ci mérite, pour ce seul fait, les sympathies des hommes du commerce et la reconnaissance de tous ceux qui boivent du vin.

Edmond David.

Où en est la Science dans la question du PHYLLOXERA?

Justement perceptible à l'œil, de couleur brune, et pourvu de six pattes, deux cornes, une trompe-suçoir, tel est le petit insecte qui ravage nos vignes. Il est sans ailes et avec ailes, et sa femelle pond environ 30 œufs par mois. — Bien que l'histoire de sa vie soit peu connue, on sait cependant qu'à la température au-dessous de 10 degrés ses jeunes larves restent engourdies et fixées aux racines de la vigne. M. Maurice Girard a constaté, aux environs de Cognac, cette influence de la température sur le développement de l'insecte. Quelques journées pluvieuses et froides, avec gelée blanche le matin, avait fait disparaître les œufs qui couvraient des racines ; mais des chaleurs insolites qui survinrent, produisirent bientôt la *reprise* des pontes.

Le phylloxera suivrait, croit-on, la direction des vents régnants en été : ses progrès, par année, sont de 12 à 14 kilomètres, d'autres disent de 15 à 20. — Les ravages de ce petit animal sont effrayants et se multiplient sans cesse. On le signale en Autriche et en Grèce, en Portugal et à Madère, en Suisse, enfin jusque dans les serres de la Grande-Bretagne. En France, l'invasion s'étend à travers les départements de l'Ain, du Rhône, de l'Isère, de l'Ardèche, de Vaucluse, du Var, de la Drôme, du Gard, des Bouches-du-Rhône, de l'Hérault. Les contrées de l'Ouest ne sont pas épargnées : les deux Charentes, aux alentours de Saintes et de Cognac ; la Gironde, dans l'Entre-deux-Mers ; la Dordogne et le Lot-et-Garonne, deviennent la proie du dévastateur.

On ignore où et quand s'arrêtera le mal. Pour le conjurer une activité dévorante, des efforts gigantesques sont indispensables. Au milieu des vignobles les plus vigoureux s'abat l'insecte : les feuilles jaunissent et tombent, la plante s'étiole et meurt ou à peu près. Ce point du vignoble attaqué ressemble parfaitement à la tache d'huile qui va toujours s'élargissant.

La gravité du mal, l'importance considérable des dégâts constatés alarment tout le monde. La science et le viticulteur, le commerce et le consommateur, l'Etat lui-même, à qui la vigne donne des centaines de millions, tout le monde est intéressé à combattre un ennemi si redoutable.

Ce ne sont pas les combattants qui font défaut ; mais malheureusement la qualité de leurs armes. La plus grande partie des remèdes proposés, émanant de personnes plus ou moins compétentes, plus ou moins pratiques, sont restés sans effets, quand du moins ils n'ont pas eu pour résultat de détruire la vigne qu'on voulait préserver. — Ensuite, il y a bien eu aussi un peu de temps perdu. Quand les viticulteurs effrayés ont appelé la science à leur aide, celle-ci a bien voulu faire en même temps son profit d'un pareil événement. Des entomologistes ont un peu disputé sur certaines particularités physiologiques de l'animal. D'autres savants se demandaient si l'insecte était la cause du mal ou simplement l'effet. On a remarqué, à ce propos, que le phylloxera s'attaque de préférence aux racines des vignes les plus jeunes. Enfin, s'est-on dit aussi, comment ce petit être, qui prend l'air pour véhicule, peut-il parvenir à se montrer ensuite sur des racines souterraines ?

Les observations des savants que l'Académie des sciences a délégués, celles des membres de diverses Sociétés d'agriculture ont répondu de la manière suivante :

Le Phylloxera circule parfaitement sur des sols argileux ; il s'y enfonce par les fissures qui se présentent en été. Il chemine aussi, sous terre, à travers les intervalles des pierres ; mais surtout en passant d'une racine à l'autre. Dans les terrains calcaires, l'invasion est rapide : elle l'est moins dans les sols sablonneux dont la mobilité, comblant les vides, s'oppose mécaniquement aux mouvements de l'animal.

Dans le congrès de Montpellier, où étaient réunis, dans une même pensée, avec le même désir, les sommités scientifiques de la France, de grands cultivateurs, des délégués étrangers, représentant la Suisse, l'Autriche, l'Italie, le Brésil. — Dans cette grande assemblée toutes les questions ont été posées, examinées et généralement appréciées dans le sens que nous exprimons. — Ensuite, on a abordé les engins de combat, et, après s'être longuement expliqué sur le peu de valeur de la plus grande partie d'entr'eux, on a partagé en trois espèces ceux qui paraissent mériter quelque application; savoir :

1° La submersion des vignes ; — 2° L'emploi des engrais combinés avec les insecticides ; — 3° L'emploi des cépages américains, dont la vigueur de végétation et la dureté des tissus s'opposent admirablement aux attaques de l'insecte destructeur.

La submersion est, en effet, un remède efficace. Elle l'est davantage, sans doute, si l'on peut tenir certaines matières insecticides en dissolution dans l'eau ; mais il n'est pas facile de pratiquer partout cet excellent moyen. Possible dans les terrains situés en bas-fonds, il ne l'est guère, ou pas du tout, sur la plupart des coteaux, des hauteurs.

Le second procédé, l'emploi des engrais insecticides, a certainement donné de beaux résultats, soit qu'on ait adopté l'urine de vache et le goudron de gaz, le sel sulfatisé de Berre, du sulfate de fer avec le tourteau de colza, soit qu'on ait mélangé du fumier de ferme avec parties de cendres de bois et du sel ammoniacal, etc., etc.

Mais, quelque grande qu'ait paru être l'efficacité de divers autres engrais combinés avec les nombreux insectides que l'industrie a mis au jour, l'ensemble des travaux du congrès de Montpellier a abouti à cette conclusion digne de remarque, qu'il importe de fumer les vignes et de leur donner comme engrais des substances à base de potasse et d'ammoniaque. Ces deux agents jouent, dans ce cas, deux grands rôles : celui de destructeurs d'un insecte essentiellement destructeur ; ensuite, celui de régénérateurs des forces végétatives de la vigne.

Dans la séance que l'Académie des sciences a tenue le 30 novembre 1874, M. Pasteur a proposé, enfin, un ingénieux moyen. Il s'agirait de combattre le phylloxera en tâchant de découvrir un autre parasite capable de lutter contre le premier.

« Le fait du développement d'un mycelium filamenteux à la surface des racines de la vigne me paraît avoir un grand intérêt, dit M. Pasteur. Ce mycelium, il est vrai, nuit à la vigne ; mais dans quelle mesure comparativement au phylloxera ? — Et ne pourrait-on pas en découvrir un autre, d'une espèce voisine, par exemple, qui tout en vivant sur les racines ne les détruirait pas, ou incomplétement du moins ? Or, le mycelium serait probablement un des meilleurs ennemis du phylloxera, avec cet avantage que le phylloxera transporterait dès lors avec lui la cause de sa destruction.

» C'est une loi naturelle, pour ainsi dire, tant elle est générale, qu'un parasite nuit à un autre parasite. A tort ou à raison, je crois que, par le parasitisme, on pourrait arriver à détruire le phylloxera. En conséquence, j'ose adresser ce vœu : — Rechercher, d'une part, ce qui arriverait à une vigne phylloxérée sur laquelle on ferait vivre le mycelium des vignes de Cully, et ce qui arriverait, d'autre part, à une vigne non encore phylloxérée sur laquelle on déposerait simultanément les deux parasites, le phylloxera et le mycelium dont il s'agit. »

La proposition du savant académicien mérite qu'on fasse appel aux expériences les plus décisives. On le voit, jusqu'ici le mal que cause le petit insecte destructeur reste au-dessus du génie humain : il faut espérer cependant que, science aidant, l'homme parviendra à exterminer ce redoutable petit être ; car, comme on l'a dit avec justesse : « On peut penser que Dieu ne nous a pas donné la vigne pour qu'elle périsse ravagée par un petit animal. »

XAVIER LUCAS.

AGRICULTURE

L'AGRICULTURE ET LES CONSEILS GÉNÉRAUX

Il a été tant de fois démontré que la propriété rurale devait garantir la fortune et la civilisation morale de la France, par le développement et les progrès de l'agriculture, qu'il nous paraît inutile d'insister à cet égard. — On sait aussi que, loin de diviser, l'agriculture unit et rapproche; et il nous semble superflu d'ajouter combien dans notre patrie mutilée, meurtrie, se débattant sous tant de systèmes politiques opposés, la conciliation devrait se faire.

Il est aussi une vérité qu'on ne sait pas assez dans les hautes régions administratives et gouvernementales : c'est la transformation de l'esprit rural, qui tend à devenir, par l'association, le directeur des destinées de la France. — Cet esprit a été trop effacé jusqu'à ce jour ; il est temps qu'il reprenne sa place et exerce ses droits. L'agriculture n'est plus dans l'enfance : elle est à l'âge de la virilité.

Or, si une institution est à même de lui venir en aide dans cette évolution progressive, c'est, sans contredit, le Conseil général.

Aujourd'hui, les Conseils généraux ont des pouvoirs bien définis : ils ont pour mandat de donner satisfaction aux besoins spéciaux de leurs départements ; et l'on doit reconnaître avec nous que la plupart des questions soumises à ces corps (spécialement celles soumises au Conseil général des Basses-Pyrénées), sont des questions agricoles, et, qu'en tout cas, toutes ou presque toutes intéressent les populations rurales.

Personne n'est mieux placé que le conseiller général pour donner aux progrès agricoles l'impulsion qui convient à chaque localité ; mieux que tout autre, il en connaît les besoins et les aptitudes ; il sait qu'en fin de compte c'est l'agriculture qui fournit la plus large part du budget départemental, et qu'il est juste que la plus large part des fonds qui le composent, lui reviennent dans la distribution qu'il en fait. — Enfin, il nous paraît naturel et nécessaire de laisser au département le soin de mener à bien une œuvre dont il doit retirer les premiers fruits.

Le Conseil général doit donc tendre à subventionner de tous les fonds nécessaires les progrès agricoles, en diminuant le budget de certains services moins utiles et qui sont traditionnellement acceptés sans discussion. — Nous savons que c'est là du travail pour le Conseil général, mais à qui a l'honneur doit incomber un peu de peine.

Tout le monde est d'accord sur la nécessité d'améliorer les chemins vicinaux et les routes, pour rendre faciles et économiques les transports de récolte et des instruments de culture ; c'est là un premier point qui doit attirer l'attention.

Dans le réveil de l'esprit rural, les sociétés agricoles se créent de toutes parts. — Donner des subventions aux Comices qui montrent de la vitalité et qui travaillent, n'est-ce pas un devoir pour les conseils départementaux ?

Personne ne conteste que la diffusion des lumières ne soit un grand bienfait pour l'agriculture. — L'enseignement agricole serait facilement et économiquement organisé, tant les dévouements ruraux désirent s'utiliser, et tant la science est ardente pour se propager dans les champs. — C'est à cet enseignement qu'il appartient d'élever les générations qui arrivent, de les pousser dans les saines idées d'une agriculture avancée, afin que celle-ci puisse satisfaire aux besoins toujours croissants de notre civilisation.— Par cet enseignement, on doit simplifier les procédés, perfectionner les méthodes, et arriver à servir de forts salaires par l'élévation des prix de vente, et surtout par l'abondance doublée des produits. — Ce résultat, joint à ce goût de la terre qui va jusqu'à la passion, à cet ardent esprit de la propriété qui anime les paysans, retiendra ces derniers auprès de leurs sillons, et leur inspirera des merveilles d'économie et de travail. — Le Conseil général ne peut-il pas, beaucoup pour faire atteindre un résultat si fécond, et ne sait-il pas d'autre part, qu'il doit recueillir la reconnaissance des champs, pour tout ce qu'il aura fait dans le but d'améliorer le sort des populations rurales ?

Là ne se borne pas tout ce que le Conseil général peut et doit faire : Il doit intervenir d'une façon active dans tous les moyens d'accélérer les progrès des campagnes, et, par son intervention, imprimer à ces progrès une vive impulsion. Il doit représenter véritablement et sincèrement les intérêts agricoles. En un mot, il doit s'occuper de l'agriculture en proportion de la richesse due à la production du département.

On ne peut plus ajourner ce qui est à faire, car l'ajournement serait aujourd'hui ce qu'il a toujours été : un moyen dilatoire qui ne sert qu'à neutraliser ou paralyser toute évolution.

Nous reviendrons souvent sur les travaux du Conseil général, et nous ne lasserons pas d'appeler son attention sur les choses de l'agriculture. — A nos yeux, la persévérance est la meilleure sauvegarde des causes justes.

R. DÉJERNON,
Directeur-fondateur de la *Revue Pyrénéenne*.

ENQUÊTE sur le Galium ou Caillelait blanc élevé proposé comme plante fourragère, par M. P. VIDAL (de l'Ariège), membre et lauréat de plusieurs Sociétés d'Agriculture et d'Acclimatation de France et de l'Etranger.

Dans divers articles reproduits par les principaux organes de la presse agricole et par quelques autres journaux, nous avons appelé l'attention des agriculteurs sur les excellentes propriétés du *Galium mollugo*, ou CAILLELAIT BLANC ÉLEVÉ, désigné aussi, par erreur, dans certains auteurs, sous le nom d'*Aspérule*, et nous avons fait connaître, en outre, les avantages qu'offrirait la culture de cette *rubiacée*, comme plante fourragère, au point de vue de l'utilisation des terres arides ou impropres à la production des céréales et des autres fourrages cultivés. Nous ne chercherons pas aujourd'hui à nous étendre de nouveau là dessus ; nous ajouterons seulement, d'après de récentes expériences, qu'associée avec d'autres plantes, ayant quelques-unes de ses aptitudes, cette nouvelle espèce fourragère semble donner encore de bien meilleurs résultats, sous tous les rapports, que cultivée seule ou isolément. Ensuite, comme le genre *Galium* comprend une vingtaine de variétés bien distinctes, dont la plus répandue est le CAILLELAIT JAUNE (*Galium verum*), nous croyons devoir rappeler qu'il importe hautement de ne pas confondre le sujet recommandé avec ses congénères, qui ne paraissent présenter, généralement, aucun avantage sérieux ou appréciable.

Pour arriver bientôt à une solution complète et souveraine de la question qui nous occupe, il serait à désirer qu'à l'instar d'un grand nombre de nos correspondants, tout le monde voulût expérimenter le *Galium mollugo*, et, après mûr et sérieux examen, nous faire connaître franchement son appréciation sur les qualités et les aptitudes réelles de la plante proposée. Nous venons d'ouvrir, dans ce but, une enquête universelle, sur laquelle le public tout entier est invité à venir déposer. On trouvera le *Caillelait blanc* principalement sur les talus, sur les bordures des chemins et des fossés, dans les haies, les buissons, les rocailles et sur presque tous les rivages. A l'aide de la gravure qui accompagne notre Notice (1) sur cette rubiacée, beaucoup

(1) Le *Mémorial* ne pouvant accepter d'intercaler dans son texte quelque gravure que ce soit, nous engageons vivement nos lecteurs à s'adresser directement à M. Vidal, (à Montbel, par Larroque-d'Olmes, Ariège), qui, pour le prix de *1 franc*, leur enverra *franco*, le dessin exact et le spécimen naturel du *Caillelait blanc*, avec une notice explicative. Ch. L.

de personnes ont reconnu la plante dont il s'agit ; mais, pour faciliter encore davantage la connaissance de la variété vraie de notre *Galium*, désormais nous joindrons toujours à l'exemplaire, et à titre de spécimen, un brin de CAILLELAIT BLANC : il ne pourra donc plus y avoir d'équivoque, et chacun sera sûr ainsi de bien connaître son sujet.

A l'occasion de l'appel que nous avons déjà fait, concernant cette plante, au concours éclairé des autorités agricoles, un de nos maîtres en cette matière s'exprimait ainsi : « Nous signalons à nos lecteurs les plantes et les objets que nous croyons utiles, en leur disant : essayez! »

Voici maintenant pour commencer, quelques-unes des appréciations des personnes qui ont devancé ou suivi ce conseil :

ARIÈGE : *Société d'Agriculture*. — « M. Vidal, de Montbel, communique à la Société une Notice sur la culture et les avantages d'une plante fourragère dont il a fait la découverte, et qu'il appelle, d'après les renseignements recueillis au Jardin des plantes de Toulouse, CAILLELAIT BLANC ÉLEVÉ. Après cette lecture, il met sous les yeux de l'Assemblée, deux bottes de cette nouvelle espèce fourragère : l'une à l'état vert, l'autre à l'état sec, ainsi que quelques sachets de la graine qui la produit. Cette graine est répartie entre quelques membres qui se chargent d'en faire l'essai sur leurs différents domaines et d'en rendre compte.

A la suite de la séance, le Bureau et quelques autres membres voulant se rendre compte, au point de vue du goût du bétail pour la nouvelle plante fourragère proposée par M. Vidal, de l'utilité de cette plante, en ont fait présenter à plusieurs chevaux qui l'ont mangée avec *empressement ;* c'est-là un premier point *important* acquis à la découverte de M. Vidal. »

TARN : *Adrien Valatx, agriculteur*. — « Je comprends maintenant, d'après votre brochure, ce que c'est que le CAILLELAIT BLANC ÉLEVÉ, que je connaissais sous le nom de « petite garance ». J'en ai découvert dans de très mauvais terrain qui avait 0 m. 90 de haut. J'en ai trouvé aussi au milieu d'une haie, qui mesurait 1 m. 60 de longueur ; en ayant donné à mes bêtes, elles l'ont mangé avec *avidité*. Je crois donc que cette plante sera une grande ressource pour notre pays. »

LOIRE : *E. Marjollet, agriculteur.*— « Nanti de votre brochure, renfermant la gravure du CAILLELAIT BLANC, j'ai découvert cette plante dans nos haies et dans nos bois ; j'en ai ramassé et présenté à mes vaches qui l'ont *dévorée.* »

GARD : *Gingue Simon, propriétaire.* — « Comme membre de la Société des *Expérimentateurs,* je viens vous faire connaître le résultat des semences que vous m'avez envoyées.

Le petit paquet d'essai (150 grammes) avoine hâtive de Sibérie, a produit *22 litres* de grain, et la paille avait un mètre soixante centimètres de haut. Cette avoine a été semée à la volée, sur une surface de *40 centiares;* et, sans les froids du mois de mai et la sécheresse de juin, elle aurait produit encore davantage.

Le maïs géant Carugua a été beaucoup contrarié pendant sa germination par le froid et les pluies du mois de mai, ce qui a fait pourrir les graines ; mais les pieds qui ont résisté aux intempéries ont atteint plus de 3 mètres de haut et ont donné des épis bien fournis.

Les 20 kilos pommes de terre Reine-Blanche en ont produit 200, et je vous déclare, Monsieur, que je n'avais jamais mangé d'aussi excellents tubercules.

La graine de *Caillelait* n'est pas bien née. Je vous dirai que j'ai découvert cette plante dans ma prairie naturelle ; j'en ai donné à mes bestiaux : mulets, bœufs, moutons, chèvres et lapins ; tous l'ont mangée *parfaitement.* »

INDRE-ET-LOIRE : *Echos Scientifiques ; — Les Causeries du docteur Rouland.* — « M. P. Vidal vient de proposer la culture d'une nouvelle plante fourragère, excellente à tous les points de vue. Cette plante est le *Galium album mollugo*, ou CAILLELAIT BLANC, appartenant à la famille des *rubiacées.* Elle croît à l'état sauvage sous tous les climats et dans tous les terrains, quelle que soit leur nature ou leur exposition Très aromatique et odoriférante, elle est recherchée par les vaches, les moutons, les chèvres, etc. Elle rend le lait plus savoureux et plus abondant; on a donc lieu de croire qu'elle prendra rang parmi nos fourrages. Nous devons en être très reconnaissants à M. Vidal; car, ainsi que Swift l'a dit le premier : « *Celui qui fait pousser deux brins » d'herbe là où il n'en venait qu'un seul, a fait plus pour l'humanité que » le conquérant qui a gagné vingt batailles.* »

Certainement, nous sommes très sensibles aux témoignages d'intérêt et de bienveillante sympathie qu'on nous donne journellement, et nous en sommes infiniment reconnaissant à leurs auteurs; mais ce sont pas des félicitations ou des certificats de complaisance que nous sollicitons ici : nous demandons seulement qu'on veuille bien s'associer à notre entreprise, et nous faire connaître ensuite, purement et simplement, dans toute leur vérité, les faits constatés, ou les résultats obtenus.

En conséquence, nous croyons devoir rappeler ici :

1° Qu'il importe hautement de ne pas confondre le Caillelait blanc avec le Caillelait jaune (*Galium verum*) et une vingtaine d'autres variétés de cette rubiacée, qui ne présentent aucun avantage sérieux ou apréciable ;

2° Que nous ne proposons pas de substituer cette plante à la luzerne, au trèfle, au sainfoin, aux racines fourragères, partout où ces fourrages peuvent être cultivés avec succès ; mais nous la recommandons particulièrement en vue de l'utilisation des terres pauvres, arides, impropres à la culture des céréales et autres fourrages cultivés ;

3° Qu'associé à d'autres plantes, ayant quelques unes de ses aptitudes, le Caillelait donne encore de meilleurs résultats que ceux déjà considérables que l'on obtient de cette nouvelle espèce fourragère, en la cultivant seule ou séparément;

4° Enfin, que le meilleur champ d'expériences n'est pas précisément un terrain spécial, plus ou moins étendu, recevant des soins particuliers, mais bien le pays tout entier, avec ses diversités de sol, de climat et de caractère de ses habitants. C'est là que nous opérons et que l'on verra, sur mille points différents, les cultures recommandées avec les avantages qu'elles présentent.

P. V.

LES SEMENCES ET LE BLÉ GALLAND

Les journaux agricoles ont remis, avec raison, à l'ordre du jour la question des blés de semence. C'est là de l'actualité, et de l'actualité intéressante au premier chef.

Depuis longtemps, l'Angleterre agricole a démontré les avantages de l'emploi d'une petite quantité de semences dans les emblavures. Ce principe, qui a été aussi affirmé en France, dans les terres riches, a mis en lumière cette vérité qu'un ensemencement trop épais conduit à une perte inutile de blé et à un rendement inférieur. — Le Sud-Ouest devrait expérimenter ce précepte sur les froments indigènes, et nous sommes convaincu que ceux qui se livreront à ces essais les continueraient et seraient imités. — Au lieu de deux hectolitres et plus par hectare, sur un sol riche et bien préparé, on ne devrait ensemencer qu'un hectolitre 40, ou un hectolitre et demi.

On ne saurait aussi trop recommander de chauler les semences, afin d'éviter le charbon ou la carie des céréales. — Un procédé expérimenté depuis longtemps et qui, partout, a donné de bons résultats, est le suivant : Dissoudre du sulfate de cuivre en cristaux dans 5 fois son volume d'eau ; soit 2 kilogrammes dans 10 litres d'eau (avec cette dernière quantité on peut chauler 400 kilos de froment). Quand le sulfate est fondu (on peut le traiter à froid), on plonge les semences dans cette dissolution, de façon à les humecter en entier ; cette opération terminée, on doit jeter quelques poignées de chaux vive sur le tas, et le remuer. Le résultat est certain. — Les blés de semences doivent être tenus dans l'eau sulfatée quelques heures au moins.

Enfin, nous venons recommander le blé Galland. On ne saurait trop préconiser une espèce qui, chez nous et dans les mains intelligentes de M. de Thury, a pu conduire aux beaux résultats consignés dans une brochure dont nous avons le regret de ne pouvoir donner que quelques passages :

» La culture de blés donnant d'abondants rendements, ayant des pailles fortes et inversables, ne peut avoir, au point de vue des intérêts généraux de la France, que l'influence la plus heureuse. Avec des récoltes ordinaires, la France aura des blés et des farines à exporter ; avec de mauvaises récoltes, la France aura assez de grains pour sa subsistance, et ses millions n'iront pas, comme cette année, s'éparpiller à l'étranger.

. . . .

» Je cultive le blé Galland depuis 4 ans ; il n'a nullement dégénéré. Malheureusement, l'année dernière, à travers une fente du plancher du grenier, un peu de blé du pays avait filtré et s'est trouvé mêlé à la semence, mais la quantité en est fort minime.

» 482 gerbes coupées à la faucille au-dessus d'un trèfle très haut, semé au printemps, poids moyen 12 kil. 1[2 à 13 pour une gerbe. Total, 5,321 kil. ; rendement à l'hectare, 33 hectolitres 70 litres de blé ; poids moyen d'une mesure de 25 litres, 19 kil. 500 gr., soit 78 kil. l'hectolitre. Mais ce blé a besoin d'être nettoyé de nouveau.

» En supposant 170 litres de déchet, il me restera donc parfaitement net à l'hectare 32 hectolitres de 80 kil., soit 2,560 kil. blé. Ce blé avait été semé trop clair, à raison de 150 litres à l'hectare ; il en faut au moins 200, et cela pour deux causes différentes : d'abord, le grain en étant énorme, ainsi qu'on a pu s'en assurer à la halle d'Orthez les jours de marché, il y en a un nombre bien moins considérable à la mesure ; puis, comme il est très tendre, il se casse plus facilement à la machine que des blés durs. Ceci, pour la meunerie, n'est pas un inconvénient, mais oblige à semer plus épais.

» Par la substitution du blé Galland au blé du pays et une dépense de 400 kil. d'engrais (1), soit 118 fr. à l'hectare, j'ai donc au moins 14 hectolitres de blé de plus à l'hectare. A 20 fr. seulement, cela fait 280 fr., soit 162 fr. de bénéfice net argent, sans tenir compte de la valeur de la paille et de l'engrais non encore consommé qui se trouve

(1) 200 kil. phospho-guano, 200 kil. engrais agenais.

dans le sol. C'est un placement fait à 200 0/0 sur mon propre terrain.

» Tout le monde a pu juger de la qualité de la farine du blé Galland et du pain qu'elle donne. J'ai entendu lui reprocher d'être un peu tassé, ce qui, pour certaines personnes, serait un inconvénient, mais pour d'autres personnes et dans d'autres contrées, un grand mérite, en Espagne et en Italie, par exemple. Pourtant on peut remédier à cet inconvénient, si on le désire.

» Il est maintenant facile, Monsieur le Rédacteur, de tirer les conclusions, au point de vue de l'intérêt général, de tous ces chiffres et de tous ces détails.

» J'ai obtenu environ 14 hectolitres de plus à l'hectare, en poids, 1,120 kil. de blé qui rendait 9 kil. par l'hectolitre de plus par 100 kil., soit 86 kil. de farine au lieu de 76 (déchet de mouture non compris), ce qui fait que j'ai les excédants suivants de farine par hectare :

» Sur 1,120 kil.	963 kil.
» Sur 18 hectolitres, soit sur 1,440 kil. excédant de 10 kil. farine par 100 kil.	144
» J'ai donc, avec cette culture, obtenu	1,107 kil.

de farine de plus à l'hectare ; en pain, 1,437 kil., ou la subsistance d'une famille composée de 8 personnes.

» Tout le monde peut se rendre compte des résultats qu'aurait en France une pareille production sur l'agriculture, le commerce et l'industrie.

» Vicomte DE THURY. »

On trouvera du blé Galland chez M. de Thury, au Cassou, à Orthez (nous le croyons du moins) ; chez Mme Cazanove, de Montilfaut, près Bourges (Cher), et chez M. Galland, à Ruffec.

Le but que doit poursuivre tout homme qui veut donner des exemples en agriculture, c'est de faire de la culture fructueuse. Le laboureur doit avoir pour premier but de gagner honorablement et librement sa vie et celle de sa famille, puis d'épargner quelques capitaux pour développer et faire prospérer son industrie ; et, en agissant ainsi, il ne sert pas seulement ses intérêts : il sert les intérêts bien entendus de la France.

(Revue Pyrénéenne.) R. DÉJERNON.

QUESTION DES SUBSISTANCES

CHERTÉ DES VIVRES

... Dès que les vivres sont chers, la classe ouvrière s'inquiète et murmure, attribuant de suite l'élévation des prix à l'entente des producteurs, aux accaparements du commerce, aux intrigues des partis politiques, à l'insouciance du Gouvernement — accusé souvent de connivence ou de complicité. Nous ne sommes point ici l'avocat officiel ni officieux des prévenus, plus habiles que nous à faire valoir leurs moyens de défense contre les attaques mal fondées dont ils pourraient être l'objet ; mais, dans l'intérêt public, et dans celui des plaignants en particulier, nous nous permettrons quelques observations en faveur de la vérité et de la justice, malheureusement toujours trop méconnues.

La cherté ou le bon marché d'un produit dépend presque toujours de son insuffisance ou de sa surabondance par rapport aux besoins de la consommation générale. Sans doute, la spéculation, les intempéries, les événements politiques, et d'autres circonstances encore, peuvent occasionner, accidentellement, des fluctuations regrettables ; mais les prix qui font la règle sont toujours en rapport avec la production ou la quantité du produit : si celui-ci peut satisfaire amplement aux besoins des consommateurs auxquels il est destiné, on aura des cours normaux ; s'il y a excédant, on aura baisse, quelquefois même avilissement ; et si, au contraire, il y a déficit, on aura une hausse ou un renchérissement proportionné.

Ce principe, que tout le monde devrait bien retenir, trouve son entière confirmation dans les faits que nous constatons en ce moment, c'est-à-dire dans les prix des denrées et des autres produits alimentaires.

En effet, pourquoi le pain est-il si cher ? — Il est cher, parce que la production du blé est souvent notablement inférieure à la production ordinaire et nécessaire ; que les réserves, d'ailleurs peu importantes, des années précédentes, sont épuisées ; que la plupart des pays étrangers, exportateurs et importateurs, se trouvent dans une position analogue à la nôtre, peut-être pire, et qu'enfin, d'un autre côté, la consommation de cette denrée, base de notre alimentation, augmente considérablement tous les jours, par le motif bien connu de tous, que la classe nombreuse et si intéressante qui la fait venir, au lieu de maïs, seigle et autres grains grossiers ou inférieurs, dont elle se nourrissait autrefois, veut aujourd'hui, avec juste raison, manger du pain de blé, et il ne saurait y avoir, vraiment, rien de plus légitime. Mais qu'il vienne une ou deux années d'abondance, ou qu'il arrive chez nous, n'importe de quelle manière, une provision importante de cette céréale, à un prix de revient assez faible, et on verra bientôt l'équilibre se rétablir, ou se rompre alors dans le sens opposé, ce qu'il ne faudrait pas non plus désirer, parce que ce ne serait un bien pour personne.

D'où vient aussi que le vin se vend à des prix si élevés ?

Cela vient, d'abord, de ce que, malgré le beau rendement de certaines contrées, comme pour le blé, le produit général des dernières années a été réduit d'une manière notable par les gelées, la grêle ou autres sinistres, et particulièrement par les ravages du phylloxera, actuellement le plus redoutable fléau de la vigne ; cela vient, ensuite, de ce que cette boisson, jadis locale et de luxe, est considérée aujourd'hui comme un objet de première nécessité pour les travailleurs et leurs familles, et que sa consommation devient ainsi de plus en plus universelle, au profit de tout le monde.

Quelles sont encore les causes de la cherté de la viande ?

Les prix excessifs de cet article ont pour cause : premièrement, l'insuffisance de la production du bétail, qui reste à peu près stationnaire, et dont on ne saurait trop cependant encourager la multiplication ; secondement, l'extension et l'accroissement général de la consommation. Selon le désir de Henri IV, et de son ministre, le célèbre Sully, aujourd'hui les paysans, comme les citadins, aimeraient, à bon droit, mettre « la poule au pot, » c'est-à-dire avoir la soupe et une ration de viande tous les dimanches, et même dans la semaine, au lieu de ne l'avoir, comme autrefois, qu'une fois l'an.

Ainsi, en passant en revue, un à un, tous les objets de consommation, à quelque catégorie qu'ils appartiennent, on trouvera que les prix sont toujours relatifs à l'importance de la production et des besoins des consommateurs ; c'est-à-dire à la punérie ou au surcroît des récoltes.

Si, comme on le prétend, il ne dépendait réellement que de quelques-uns, ou même d'une classe entière, de gouverner les prix que nous discutons, il est évident, il est certain, ce nous semble, que ceux-ci se tiendraient constamment, quels que soient les rendements des récoltes, à des chiffres très élevés, et qu'il n'y aurait guère espoir, dès lors, de les voir jamais diminuer. Or, la simple expérience du passé suffit pour nous convaincre et nous prouver que le contraire arrivera, dans les circonstances précédemment indiquées. Donc, les prétendus auteurs de la disette ne peuvent pas faire la loi et imposer les prix qui leur conviendraient : nier et contester des faits aussi manifestes serait une énorme absurdité.

Au reste, n'est-ce pas la rareté des bras qui a doublé depuis quelques années le prix de la main-d'œuvre agricole ? On s'étonne que pendant une pénurie on trouve du blé à 30 fr., et qu'on n'en trouve pas à 20; on devrait, dit-on, alors, établir immédiatement un maximum. Et pourquoi, dans les mêmes circonstances, trouve-t-on des ouvriers à 3 ou 4 fr., et qu'on n'en trouve pas à 1 fr. 50 ? Pour être juste et logique, Il faudrait nécessairement, dans ce cas, fixer le prix de la journée de l'ouvrier, ce qui ne serait pas un acte plus arbitraire que le premier. Quel que soit le régime en vigueur, ou supposé, on ne peut pas prétendre fixer le prix de revient de la journée du petit propriétaire-cultivateur — ce qui aurait pourtant lieu en taxant son grain, fruit de son travail annuel — sans appliquer la même mesure au salaire des ouvriers, chose moralement et matériellement impraticable.

A l'occasion de la grave question qui nous occupe, maintes fois nous avons entendu maudire les voies et moyens de communication : routes, chemins de fer, commerce, etc., ainsi que quelques établissements industriels, et particulièrement les minoteries, sous prétexe qu'en venant chercher nos produits *excédants*, on porte la disette et la misère dans le pays. Quel aveuglement ! Quelle aberration !... Est-ce pour les jeter qu'on vient acheter le blé, le vin, le bétail, les fruits, etc. ?... Probablement non, c'est pour les porter et les distribuer sur d'autres points, dans d'autres contrées, à ceux de nos frères qui n'en ont point ; qui, cependant, ont besoin de manger, de boire et de se vêtir comme nous, et qui, comme nous aussi, travaillent pour les besoins de la grande famille sociale. Il est certain que ces achats et ces transports, autrefois impossibles, vont faire vide et amener de l'augmentation sur les lieux de production ; mais ils vont remplir un autre vide sur les lieux de consommation, où les prix des mêmes produits seront encore nécessairement plus élevés. C'est ainsi que l'équilibre national et universel, qu'il serait si désirable de voir toujours exister, peut et doit s'établir dans les limites du possible.

Sans les accapareurs et les minoteries, nous mangerions, dit-on, toujours le pain à bon marché. Mais pour faire le pain, ne faut-il pas d'abord moudre le blé ? Eh bien ! que font les minoteries, elles convertissent les grains en farine, pour porter celle-ci dans les contrées où il n'y a pas de moulins ; au lieu de nuire ou de préjudicier aux intérêts des populations, elles leur rendent les plus grands services. — Et le bétail, l'accapare-t-on ? l'emmagasine-t-on ? Non, n'est-ce pas ? Comment donc se fait-il qu'il soit encore plus cher que le pain ? Nous en avons donné la raison plus haut, et il n'est pas nécessaire de répéter ici ce que nous avons dit.

.... Le bien-être individuel et le bien-être général sont manifestes, et nous devons sans cesse en favoriser le progrès par la multiplication de tous les moyens qui peuvent faciliter nos relations intérieures et extérieures. Aucun pays du monde ne se suffit : pleuples et individus, nous sommes tous tributaires les uns des autres. Ainsi, la France tire de l'étranger les cotons et une grande partie des laines et autres produits bruts qui alimentent nos fabriques ; elle reçoit aussi les épices et tous ces autres articles désignés sous le nom général de *denrées coloniales*. Elle donne en échange nos vins, nos draps, nos tissus de soie et de coton, et une foule d'autres articles de notre fabrication, appréciés de l'univers entier. Les mêmes faits se passent chez toutes les nations civilisées. Cela nous démontre bien clairement toute la solidarité des intérêts agricoles industriels et commerciaux : l'agriculture crée ou fournit les matières premières, l'industrie les transforme, les approprie à nos besoins, et le commerce les répartit ou distribue sur tous les points du globe. En même temps, l'instruction, mère de tout progrès civilisateur, répand la lumière dans chacune de ces trois grandes branches de la vie humaine ; en sorte qu'agriculteurs, industriels, commerçants, nous avons tous pour devoir de travailler à l'amélioration de la condition morale et matérielle de la société. Continuons donc avec résignation notre œuvre commune, avec foi dans l'avenir, c'est-à-dire en nous rappelant souvent cet adage, « *Aide-toi, le Ciel t'aidera.* »

P. VIDAL *(de l'Ariège).*

ALIMENTATION A BON MARCHÉ

(Réponse à un Propriétaire-Cultivateur)

Les raisons que vient de faire valoir M. P. Vidal, pour établir, aux yeux de tous, la véritable assiette des choses agricoles et commerciales, sont bien de nature, en effet, à dissiper l'erreur de ceux qui pensent trancher toutes les questions possibles avec le glaive de la loi et des règlements. — Ceux-là ignorent, sans doute, que les intérêts multiples du bien-être général et de la richesse publique ne peuvent seulement supporter en principe la stabilité et les rigueurs des résolutions prises par le plus sage des législateurs. Quand bien même ces résolutions ne viseraient, dans leur application, que des catégories parfaitement définies de choses ou d'hommes, elles ne parviendraient jamais à se débarrasser des funestes apparences qui rappellent toujours le déguisement de l'arbitraire et, par suite, de la perturbation.

Il faut au monde des affaires la plus large dose de liberté. Rien n'est évidemment plus incompatible avec les intérêts sociaux que l'immixtion des lois et de l'Etat dans les opérations du commerce et de l'industrie. Si, par suite des exigences malheureusement imposées à tout corps social, il n'est pas possible d'affranchir le travail et son matériel, la propriété foncière et ses fruits, les échanges, enfin, de certaines obligations vis-à-vis du trésor de l'Etat; du moins, est-il indispensable de reconnaître la vérité de ce principe, que *plus* l'impôt pèse sur la production et les échanges, et *plus* étroitement sont circonscrites, à la fois, les récoltes et la consommation.

Cela ne peut faire l'ombre d'un doute.

La consommation est grande aujourd'hui, et cependant au point de vue de l'hygiène publique, la production agricole est tout à fait insuffisante : c'est-à-dire que la consommation est réellement bornée à de tristes limites. Ces limites, les embarras créés au commerce par une situation toute exceptionnelle, n'ont-ils pas dû naturellement les rapprocher encore ?

Que faut-il faire pour les reculer ? Là est la question. — Dans une étude générale nous avons déjà avancé que, pour obtenir le développement nécessaire aux intérêts du commerce, qui sont en ce moment dans un état de stagnation avérée, il fallait se préoccuper d'abord de l'alimentation à bon marché. Nous avons dit ensuite que cette question, impliquant un accroissement des productions du sol, exige pour sa résolution le développement du *crédit agricole* et l'adoption générale des perfectionnements apportés dans les instruments aratoires. — Une lettre que nous avons reçue d'un propriétaire-cultivateur du Lot-et-

Garonne, nous oblige à revenir brièvement sur chacun de ces points.

Voici d'abord la lettre de M. Mourgand, à laquelle nous n'avons fait subir quelques coupures que pour la rendre plus précise :

« ... Je me souviens d'un temps assez rapproché de celui-ci, où les substances alimentaires étaient à un aussi bas prix que possible. C'était de 1840 à 1850. Et cependant, monsieur, malgré cette modicité, les ouvriers des villes, comme les cultivateurs, vivaient dans la plus grande misère. Le pain que je mangeais à cette époque n'en méritait certainement pas le nom.

» Pourquoi en était-il ainsi ?

» Parce que l'agriculture, cette mère de toutes les industries, était généralement négligée. Ses revenus ne provenant que de la culture des substances alimentaires, le bas-prix de celles-ci ruinait alors les agriculteurs tout autant que les industriels des villes.

» La même cause, croyez-le bien, est celle qui pousse aujourd'hui les cultivateurs à la désertion des champs. Le petit propriétaire qui, par son intelligence et ses économies, s'est procuré une certaine aisance, abandonne l'agriculture pour aller vivre à la ville paisiblement, ou s'y livrer, comme vous l'avez dit, aux opérations du commerce. — Le moyen de le retenir à la charrue n'est pas encore trouvé ; je vous avoue même l'avoir recherché quelquefois, mais bien inutilement.

» Pour revenir à la question des vivres à bon marché, si la science trouve un secret pour conserver intactes les viandes fraîches de l'Etranger, l'élève du bétail est absolument ruiné en France. L'élève du bétail n'est pas lucrative chez nous : les bénéfices qu'elle donne ne paient ni le temps ni les soins que nous lui consacrons. Et sur ce point, par exemple, je partage bien votre avis : c'est le crédit qui nous manque ; c'est le défaut d'un capital disponible qui nous empêche d'acheter des quantités seules capables de nous rémunérer en raison de nos peines. C'est aussi le besoin d'argent qui nous fait subir les conditions des gens qui approvisionnent nos marchés. Mais, en somme, si le commerce parvient à importer en France et à répandre dans nos campagnes, soit des viandes fraîches, soit des conserves, ne comptez pas voir le paysan en profiter plus qu'auparavant, car vous aurez porté atteinte à ses modestes revenus, en produisant l'abondance qui le forcera à diminuer les prix de ses produits. »

(15 Décembre 1874)

Au point de vue historique des progrès accomplis, il est utile de faire remarquer à notre correspondant que l'époque à laquelle il a fait allusion, comme ayant offert la vie à bon marché, était assurément celle où le travail se trouvait le plus en défaut. Qu'il veuille bien se rappeler, enfin, le taux des salaires d'ouvriers, et il comprendra que les denrées, loin d'offrir un prix modique, avaient au contraire atteint le maximum des cours, c'est-à-dire ne se trouvaient plus en rapport avec le prix des journées du travailleur. Outre ces considérations, nous devons dire encore que, pour divers points du pays, la consommation était locale, attendu que nous étions alors privés des voies et des moyens de communication dont nous profitons aujourd'hui. Mais, cela dit, voici que nous aboutissons au même point que notre correspondant, savoir : que l'agriculture *était généralement négligée.* Il convient donc que l'abondance des produits alimentaires est seule capable d'améliorer la situation de tous et d'accroître même la fortune publique. Mais, alors, pourquoi penser que l'abondance des viandes, soit qu'elle provienne de l'élève du bétail français, soit qu'elle nous arrive de l'extérieur, est de nature à porter la perturbation dans les intérêts ruraux ? Nous savons bien que le prix de la viande de boucherie n'est guère en accord avec celui des bestiaux sur pieds ; c'est même là une question qui préoccupe en ce moment le Ministre de l'Intérieur ; quoi qu'il en soit, et au pis aller, l'élève du bétail n'étant plus possible chez nous, eh bien ! l'homme des champs s'emploierait à d'autres cultures plus lucratives, et profiterait doublement des avantages du bien-être acquis par la modicité des prix auxquels il obtiendrait, auprès d'ouvriers cette fois nourris à bon compte, soit des habits soit des instruments, soit jusqu'à la main-d'œuvre que réclameraient ses nouvelles occupations. Au surplus, que notre correspondant se pénètre bien de l'idée que l'élève du bétail est possible en France. Comme nous encore, il reconnaît la nécessité où se trouve la campagne d'avoir à sa disposition des capitaux exempts de droits d'usure. Appeler à leur aide les capitalistes ; fonder des comptoirs *réellement* agricoles ; adopter *sincèrement* les lois économiques ; suivre les progrès de la science et mettre un peu de *défiance* de côté : voici assurément les meilleures règles que puissent observer des cultivateurs désireux de parvenir au faîte de leur légitime ambition. Ils auront, de plus, rendu d'éminents services à la société.

Ces règles sont là autant de points qui feront l'objet d'études spéciales de notre part. L. PRÉVAL.

VARIÉTÉS

Tableau Historique du Commerce de la France

1610-1774

Le règne de Louis XIII ne se signala point par la sollicitude paternelle que le règne précédent avait assuré à l'agriculture et au commerce. Après de Luynes, ce fut Richelieu qui s'empara de la tête d'un prince incapable de résister aux influences de l'intrigue habilement menée. Des troubles à l'intérieur et la guerre au dehors devinrent les suites d'une pareille situation.

Immédiatement après la mort de Henri IV, le duc de Sully s'était retiré de la Cour, laissant aux finances du gouvernement de la régente trois administrateurs qui s'en tirèrent comme ils le purent. La reine-mère, dont les moyens politiques consistaient à manœuvrer sans cesse et secrètement contre les grands de la Cour, surtout contre ceux qui paraissaient être en faveur auprès du jeune roi, — la reine-mère s'entoura de créatures qui trafiquèrent ouvertement des arrêts du Conseil et contribuèrent à dilapider les quarante millions que le roi béarnais avait entassés dans les caves de la Bastille.

L'habileté, tant admirée chez Richelieu, ne fut pas plus propre à accroître la fortune publique. « Il s'est principalement maintenu, — dit l'avocat général Omer Talon, dans un mémoire de 1648, — il s'est principalement maintenu par la profusion des finances avec laquelle il corrompait tous les grands et ceux qui lui étaient nécessaires dedans et dehors du royaume ; pour quoi faire, il a souffert que ceux qui étaient dans le gouvernement des finances y aient fait ce qu'ils ont voulu ? Toutes sortes de voies pour avoir de l'argent étaient permises. »

On voit que, soit régente, soit ministres, ceux qui étaient appelés à suppléer à l'absence d'autorité du faible Louis, ne surent réellement pas soutenir les intérêts matériels de la nation. A peine peut-on, au point de vue des progrès commerciaux, mettre à l'actif de son gouvernement l'édit de 1611, qui ranima pour quelques moments les essais de colonisation que Henri IV avait entrepris à Madagascar, et dont nous avons déjà parlé. Ces essais, ni lui ni Richelieu ne purent longtemps les soutenir. Après des sommes considérables, follement dépensées sur la côte d'Afrique, on se vit obligé de vendre colonie et matériel pour vingt-mille francs !

L'administration du cardinal de Mazarin, sous le règne de Louis XIV, ne fut pas moins critique.

« Selon une requête présentée en 1648, par les trois États de l'Ile-de-France, les tailles ne se levaient plus que par des compagnies de fusiliers commettant des cruautés inouïes. Il y eut vingt-trois mille prisonniers pour faits d'impôts, et cinq mille de ces malheureux étaient morts de misère en 1646, ainsi que l'attestaient les registres d'écrou.

» Les troubles de la Fronde furent des insurrections financières sans résultat, car Mazarin, à peine de retour, créa de nouvelles taxes sur le parchemin, les baptêmes, les enterrements ; il surchargea les rivières de péages, à ce point que *le commerce en fut ralenti.*

» Pendant la période écoulée, des Valois à Colbert, des changements avaient été faits dans l'administration des finances : Henri IV avait érigé une *généralité* à Soissons ; supprimé, puis rétabli, tous les bureaux de finances. Louis XIII avait créé, puis supprimé, des généralités à Angers, Troyes, Chartres, Alençon, Agen. Il en érigea une à Grenoble, celle créée par François Ier ayant été supprimée. Il créa un bureau de finances et une recette générale à Montauban, une nouvelle généralité à Alençon, une autre à Nancy, au mois d'avril 1640, puis la supprima en janvier 1641. » (E. de Girardin).

Tant d'hésitation dans le département des finances, tant d'instabilité dans l'institution d'agences faites pour les besoins de l'Etat, peuvent exprimer amplement l'étendue de l'impéritie des administrateurs du royaume. — Mais c'est alors qu'arrive Colbert.

Dès son entrée au ministère (1661), cet habile conseiller s'aperçut que les finances étaient dans l'état le plus déplorable. Pour les relever il parut adopter le plan qui avait réussi au sage Sully. Eteignant les augmentations excessives que Mazarin avait établies sur les droits des fermes ; faisant descendre les tailles de 50 millions à 36 seulement, révisant bon nombre d'exemptions qu'avait prodigué autour de lui le favoritisme de la vieille, Colbert parvint, en peu d'années, à donner au Trésor des excédants de recette qui ne s'étaient jamais produits.

On a reproché à Colbert de n'avoir su disperser la diversité et l'arbitraire des moyens fiscaux qu'en créant des tarifs également onéreux au commerce et à l'industrie, quoique toutefois établis dans une mesure infiniment plus supportable. On a pu le blâmer aussi de n'avoir pas possédé assez d'autorité pour braver ces préjugés du temps qui enchaînaient à la plus déplorable gêne le commerce intérieur des blés.

Mais, à côté de ces erreurs d'administration, propres souvent aux hommes de génie, le nouveau ministre recula les douanes intérieures et accorda au commerce national une protection, alors salutaire, parce qu'elle stimulait les efforts de l'initiative privée fortement ébranlée.

La France avait déjà conclu, avec les Hollandais, une alliance protectrice du commerce des deux peuples. « Dans les mêmes vues, on résolut de purger la Méditerranée des corsaires barbaresques qui l'infestaient. » Cette opération, confiée au duc de Beaufort, réussit pleinement et amena la prise de Gigeri, du royaume d'Alger, où cependant on ne put fonder aucun établissement. — En moins de quinze ans, Colbert arma deux cents vaisseaux de guerre, et forma 400,000 marins. — Il envoya quérir à travers l'Océan les précieux produits que l'Europe recherchait avec empressement. — M. Chardin nous donne le détail de la Compagnie commerciale, qui fut organisée en ce temps là.

« Une Compagnie est formée avec un privilége de cinquante ans pour qu'elle ait le temps de recueillir les fruits de ses entreprises.

» Tous les étrangers qui y prennent un intérêt de 20,000 francs deviennent Français.

» Tout ce qui sert à la construction, l'armement, l'avitaillement des vaisseaux est exempt des droits d'entrée ou de sortie.

» L'État paie 50 francs pour chaque tonneau de marchandises exporté aux Indes, 75 pour chaque tonneau importé en France.

» L'État soutiendra la Compagnie par ses armes, et escortera les convois. — Enfin, des honneurs, des titres héréditaires, seront le partage de ceux qui s'y distingueront. »

Quinze millions devaient former le fonds de la Société ; le ministre lui en fournit trois ; le roi, les princes, prirent des actions ; bientôt la somme fut complétée.

Madagascar fut encore choisi pour point de départ de la nouvelle association. — Malheureusement, les agents de la Compagnie ayant, en 1672, maltraité les indigènes, la population se souleva, et les agents furent tous massacrés.

Dès lors, la Société alla directement aux Indes, où elle fonda un établissement à Surate. — Plus tard, les Français acquirent la baie de Trinquemale et celle de San-Thomé. Mais cette possession fut de courte durée, et nos nationaux se retirèrent alors à Pondichéry.

Quoi qu'il en soit, la Compagnie des Indes s'en alla dépérissant chaque jour, malgré les sacrifices du ministère, et, après avoir passé par mille épreuves, elle s'éteignit doucement. Vers 1707, tracassée par ses nombreux créanciers, elle céda l'exercice de son privilége à de riches armateurs de Saint-Malo.

Colbert mourut en 1683, et les affaires de la France furent encore exposées à l'impéritie et au désordre de ses successeurs. On sait dans quel état de détresse les finances étaient tombées en 1697. Les nouveaux gouvernants pensèrent les relever en frappant d'impôts tous les objets possibles : les lanternes, les armoiries, etc.., pendant que, d'un autre côté, on vendait les titres et les gouvernements.

Et tandis que la misère régnait en souveraine sur toute la totalité du royaume ; tandis que, comme l'a dit l'immortel Vauban, les rues des villes et des bourgs étaient pleines « de mendiants que la faim et la nudité chassaient de chez eux » ; que la *dixième* partie du peuple était réduite à la mendicité, — Louis le Grand pensionnait le vice comme la vertu, comblait de présents ses royales maîtresses, dépensait des trésors à Marly et à Versailles, et entretenait en même temps de trop nombreuses guerres, dont toutefois la plupart, — il faut le dire, — furent glorieuses pour l'honneur de la France.

Enfin, on se souvient encore de cette lettre de Fénelon, où le digne prélat rappelait au roi que « la culture des terres était presque abandonnée », l'émigration des ouvriers des villes et des campagnes devenait effrayante, et, qu'en somme, tout *commerce était anéanti*. Il ajoutait: « Au lieu de tirer de l'argent de ce pauvre peuple, il faudrait lui » faire l'aumône et le nourrir. La France entière n'est plus qu'un » grand hôpital désolé et sans provisions. »

Voilà ce que coûtait à la patrie un siècle de vaine gloire, de courtisanerie et de ridicule vanité ! La nation ne comprenait plus qu'un petit groupe de grands hommes, qu'il fallait aller admirer aux académies des sciences, des lettres et des arts, à la Cour et sur les champs de bataille. En dehors de ce groupe glorieux, partout des ruines fumantes : agriculture désertée, commerce anéanti, industrie disparue. C'est certainement bien le moment d'émettre ce jugement de M. Guizot : » Le gouvernement de Louis XIV est un grand fait, un fait puissant et brillant, mais *sans racines*. »

Louis XV n'était pas fait pour remédier à tant de maux. On sait que ce furent ses maîtresses et ses favorites qui régnèrent à sa place. Durant sa minorité, les affaires de l'État n'avaient fait qu'aggraver le mal dont elles étaient atteintes, en se lançant dans la voie des sophismes économiques.

Le régent, bien que doué de qualités sérieuses, se livrait trop à des plaisirs tout à fait incompatibles avec les soins réclamés par le gouvernement. Amoureux de la nouveauté, il ne prit jamais la peine d'examiner et de peser les actes qu'il pensait devoir accomplir.

Les finances étaient en pleine détresse ; Law survint, et le duc d'Orléans s'enthousiasma de son système. La révolution financière que provoqua l'adoption de ce système, mit le comble à la ruine de la fortune publique. L'Ecossais substitua le papier au numéraire, donnant à ses billets toute la puissance de l'argent. Mais ce papier, bientôt décrié, la France en étant inondée, le peuple se pressait en foule pour réclamer un numéraire qui avait presque totalement disparu. Il s'en suivit un agiotage réellement scandaleux : des familles entières furent ruinées. Law, pour compléter son œuvre délirante, entreprit alors de fonder la *Compagnie perpétuelle des Indes*. Cette Société brilla d'abord d'un vif éclat, et se maintint, après la chûte du système de l'aventurier, par le monopole du tabac et des loteries.

Les établissements français, aux Indes, ne durent cependant leur salut qu'au génie de Dumas, de Dupleix et de La Bourdonnaie; et ces quelques succès auraient sans doute amélioré la situation du commerce intérieur, si les impôts n'étaient allés toujours croissants.

Dans ces temps de calamités publiques, l'esprit humain, seul, se trouvait en progrès.

Ch. Lozes.

(La suite au prochain fascicule).

PETITE HISTOIRE POPULAIRE
DE BORDEAUX

Continuée jusqu'en 1874

Tel est le titre d'une étude historique que nous plaçons sous la bienveillance des souscripteurs du MÉMORIAL, *et que nous nous proposons aussi de publier séparément, parce que nous croyons qu'il est utile d'offrir à tous nos concitoyens, à la jeunesse Bordelaise, dans un cadre convenable et pour un* PRIX MODIQUE, *un choix des faits et des événements mémorables, relatifs à notre ville, en même temps que* **la Continuation jusqu'à ce jour** *des travaux de nos derniers historiens.*

Ceux-ci ayant, avec raison, pris à tâche de mélanger à des matériaux considérables les détails les plus intimes, il en est résulté de fort gros volumes, d'un prix élevé, que la majeure partie de la population n'a pu acquérir. D'où, ignorance générale parmi nous de l'histoire locale.

Nous avons donc raison de dire qu'un résumé des annales Bordelaises devient chaque jour indispensable.

Ceux de nos lecteurs qui possèdent les ouvrages de Dom Devienne, de Bernadeau, de l'abbé O'Reilly, d'une part, d'autre part, l'excellente histoire du commerce de Bordeaux, par M. Bachelier, ou celle, plus littéraire, de notre savant concitoyen, M. Francisque Michel, — les possesseurs de ces œuvres, disons-nous, pourraient bien croire ne trouver que peu d'intérêt dans la lecture de notre travail, si nous ne leur rappelions que le titre même de ces pages promet la publication INÉDITE *d'une période intéressante à plus d'un titre. Cette période est celle qui a vu s'écouler près de quarante années sous des régimes politiques différents, avec des transformations de mœurs locales, des modifications dans l'esprit, les goûts et le caractère des habitants d'une grande cité ; tout cela dû, sans nul doute, aux admirables merveilles de l'électricité et de la vapeur.*

Au point de vue local, c'est bien vers cette époque de décentralisation que commence, pour la province, l'ère vraiment moderne.

Enfin, dans l'histoire des dernières années de la période en question, Bordeaux s'est réservé quelques pages d'un intérêt historique réellement élevé : chacun comprend qu'il s'agit ici de l'époque néfaste pendant laquelle notre cité a dû forcément devenir la capitale de la France.

C'est là, du reste, le seul argument que nous ferons valoir auprès de nos souscripteurs des pays étrangers, pour les inviter à supporter le récit historique des faits et des événements mémorables qui ont agité la population d'un des plus beaux points de notre territoire.

CHARLES LOZES.

PETITE HISTOIRE POPULAIRE DE BORDEAUX

PREMIÈRE PÉRIODE

DEPUIS LA FONDATION DE LA VILLE JUSQU'A SA CONQUÊTE PAR CLOVIS, ROI DES FRANCS, (507).

Les Bituriges viennent s'établir sur la Garonne. — Ils se livrent au commerce et à la culture du sol. — Burdigala, ville renommée. — Ses célébrités et sa gloire. — Fondation du Christianisme. — Invasion et dévastations des Visigoths. — Bordeaux devient la capitale de leur royaume. — Défaite de ces Barbares et conquête des Francs. — Appendice : Etablissements d'instruction publique, Siège épiscopal ; Principaux édifices érigés dans le cours de cette période.

Burdigala ou Bordeaux doit sa fondation aux Bituriges-Vibisques, peuple d'origine gauloise, qui, à une époque et pour des raisons que l'histoire ne peut justement préciser, abandonna son pays natal, le Berri et vint s'établir sur la rive gauche de la Garonne. — Le plus ancien auteur qui ait fait mention de cette ville est Strabon, célèbre géographe de l'antiquité, qui mourut dans les premiers temps de l'ère chrétienne.

« Les Bituriges, dit-il, sont le seul peuple étranger qui habite parmi les Aquitains sans en faire partie. Sa place de commerce est Burdigala, ville située sur une espèce d'anse formée par la Garonne. »

Ainsi, les fondateurs de cette cité, aujourd'hui si belle et si commerçante, consacraient tout leur temps aux opérations du commerce. Installés dans des barques grossièrement construites, ils remontaient l'Océan et allaient trafiquer avec Quimper, Cherbourg, et aussi avec les habitants de la Grande-Bretagne. — Comme tous les Gaulois, du reste, nos Bordelais étaient très industrieux. Leur goût pour le luxe et la toilette (1) développait en eux le goût du travail. Naturellement agriculteurs, ils surent bientôt tirer parti des riches coteaux et des plaines fertiles qui les entouraient : ils les couvrirent de vignes. Elle dut être grande leur douleur, lorsque, — par suite de l'ordre de l'empereur Domitien (81-96) qui prescrivait l'arrachement des vignes sur tous les points où pouvaient descendre les barbares du Nord, — ils durent obéir à une loi commune pour presque tous les peuples de la Gaule méridionale. En revanche, ne durent-ils bénir sincèrement le sage Probus (2) qui les fit replanter ?

C'est d'ailleurs sous ce prince romain que Bordeaux commença sa réédification (277). — Depuis déjà près de trois siècles, cette ville était devenue la métropole de la deuxième Aquitaine : elle offrait une résidence agréable aux proconsuls romains, et avait été choisie pour capitale par l'usurpateur Tétricus, qui, en 268, s'y était fait couronner empereur des Gaules.

Les Bordelais, sous la domination romaine, purent donc accroître leur bien-être en développant leur commerce. On les voit prospérer sous les règnes d'Aurélien, de Probus, de Constance, qui exempta les gens de mer des contributions communes ; de Julien, le fils de ce dernier.

Le poète Ausone, qui naquit à Bordeaux vers l'an 309, chanta tour à tour et la splendeur et la richesse de sa ville natale. Il nous a dit combien étaient beaux les jardins fleuris de Burdigala ; combien étaient renommés les vins de la contrée (3) ; il nous a appris combien

(1) Les Gaulois recherchaient les bijoux, anneaux, bracelets. Les riches étaient vêtus d'un pantalon un peu large et d'une casaque brodée d'or et d'argent. Les classes inférieures portaient une peau de bête. — Il est probable que les Aquitains employaient des vêtements de laines à longs poils : on en fabriquait à Saintes.

(2) Amoureux de la paix et de ses fruits, et pour ne pas laisser dans l'oisiveté les soldats de l'Empire d'Occident, le monarque employa ces derniers au dessèchement des marais et à la reconstruction de certaines villes gauloises.

(3) Il possédait cent arpents de vignes. A cette époque, le raisin d'Aquitaine venait après celui du Vivarais et de Béziers.

étaient recherchées ces bonnes huîtres de grave, pêchées dans le bassin qui baigne la Teste-de-Buch. « On en couvrait, dit-il, la table des Césars. »

Le Médoc n'était point alors ce qu'il est aujourd'hui : un immense vignoble. C'était une vaste contrée boisée qui produisait de la résine, de la poix [1]. Ce qu'on appelle la Pointe-de-Grave offrait un aspect des plus animés. C'est là que s'arrêtaient la plupart des bâteaux venant de Marseille ou de Narbonne et apportant les produits de l'Orient, entre autres, le *papyrus* (papier) d'Egypte.

Les écoles bordelaises étaient alors célèbres. Ausone, cette gloire du IVe siècle, élevé au collège de Guyenne, y enseignait plus tard la grammaire et la réthorique. L'empereur Valentinien le choisit pour l'éducation de son fils Gratien, et celui-ci, étant monté sur le trône, témoigna sa reconnaissance au célèbre professeur en le créant consul de Rome. — Ausone avait été également le précepteur de saint Paulin, qui naquit à Bordeaux ; il fut créé consul en l'an 378, et se maria à Thérésia. Les deux époux quittèrent un jour leur château [2] pour se rendre en Espagne. Une fois là, Thérésia entra dans un couvent et Paulin embrassa la prêtrise. Il devint évêque de Nole.

Nous venons de voir la population bordelaise industrieuse, instruite, riche et heureuse; nous devons maintenant la montrer dégagée des dogmes de la religion celtique et professant la doctrine chrétienne.

En effet, depuis déjà près d'un siècle, le christianisme s'était introduit dans l'Aquitaine, et c'est à saint Martial qu'une légende pieuse attribue la fondation, au IIIe siècle, du siége épiscopal.

Tant de prospérité et de bonheur devait éprouver dans son cours des interruptions fréquentes et cruelles. En 412, les Visigoths, conduits

(1) Le sol du Médoc, de riche composition géologique, offrait autrefois de jolis cailloux blancs, bleus et d'autres couleurs. On en fit un commerce très étendu, qui n'a cédé sa place qu'à celui des pierres plus précieuses, et pour cause aussi de l'épuisement des produits qui en faisaient l'objet.

(2) Ce château s'élevait au milieu de la ville. La place Puy-Paulin est établie sur un terrain dépendant de cet ancien édifice, qui, croit-on, avait été bâti pour Pontius Paulini, le grand-père du saint.

par leur chef Ataulf, remontent l'Italie et viennent s'établir dans les provinces méridionales de la Gaule. L'Aquitaine est envahie ; Bordeaux, pillé et ravagé.

Ces Barbares fondèrent dès lors un royaume, avec le consentement d'Honorius, empereur d'Occident, qui, trop faible pour les repousser, leur céda ses droits sur l'Aquitaine et la première Narbonnaise (417). Ce nouvel Etat — appelé royaume de Toulouse — était donc, dans la Gaule, borné au sud par les Pyrénées, à l'ouest par l'Océan, au nord par la Loire, à l'Est, enfin, par une portion de ce fleuve et la partie inférieure du Rhône.

L'établissement des Visigoths porta atteinte à la prospérité du commerce bordelais. Pour comble de malheur, la persécution s'ajouta au joug impérieux d'un vainqueur plus habitué au pillage qu'au respect de la propriété. On cite, toutefois, le fait de ce barbare qui acheta, argent comptant, une petite terre à la famille de saint Paulin. On parle aussi de la cour brillante d'Euric ou Evarick, qui était déjà fort renommée dans tout l'Occident. Les dépêches de ce prince, dues au *style* de son secrétaire Léon, faisaient l'admiration de Rome et de Constantinople. Enfin, le poète Sidoine a décrit la magnificence du palais d'Euric, le château de l'Ombrière, qu'abritaient de beaux arbres et baignaient à la fois le Peugue, la Devèze et la Garonne. — Quoi qu'il en soit, les Aquitains subirent, jusqu'au pied des autels, les violentes persécutions de leurs nouveaux maîtres, qui, dans ce temps, professaient l'arianisme.

De nouveaux éléments devaient aussi prolonger encore la situation malheureuse des habitants de la grande cité Aquitaine. Le successeur d'Euric, Alaric II, avait franchi les Pyrénées et soumis la plus grande partie de l'Espagne (484). Un autre peuple barbare, les Francs, qui étaient venus s'établir de l'autre côté de la Loire, furent jaloux de ces succès. Un jour, leur chef Clovis s'écria : « Je ne puis souffrir que ces ariens de Visigoths possèdent la meilleure partie des Gaules. Marchons, avec l'aide de Dieu, et après les avoir conquis, réduisons le pays en notre pouvoir ! » — Et les Francs s'élancèrent contre les maîtres de l'Aquitaine, qu'ils rencontrèrent à Vouillé près de Poitiers.

La mêlée fut horrible : Clovis tua de sa main Alaric et poursuivit son armée, qui s'enfuit jusque dans la Narbonnaise.

Ce sont ces événements mémorables qui permirent au roi des Francs de passer l'hiver de 507-508 dans la cité Bordelaise, qu'il ne quitta que pour se rendre à Lutèce (Paris), sa nouvelle capitale.

La domination des Visigoths avait eu une durée de 90 ans.

APPENDICE COMPLÉMENTAIRE (1)

DE LA PREMIÈRE PÉRIODE

PRINCIPAUX ÉDIFICES : *Le Palais de l'Ombrière (Castrum Umbrariæ)*. — Citadelle de Burdigala, construite probablement dans le IIe siècle.

Les Piliers de Tutelle. — Magnifique édifice romain voué aux dieux tutélaires. Le XVIIe siècle le démolit, abattant ainsi un précieux monument que les hordes barbares avaient su respecter.

Le Château de saint Paulin. — D'une époque très reculée.

Le Palais-Gallien. — Bâti vers le milieu du IIIe siècle. Il était d'ordre toscan, et donnait une longueur de 394 pieds (ancien style) sur 314 de largeur.

L'Église Saint-Seurin, — qui remplace une ancienne église Saint-Étienne, — doit avoir été fondée dans les premiers temps de l'établissement du christianisme à Bordeaux.

(1) C'est ainsi que nous mentionnerons, en forme de supplément, l'édification des principaux monuments, la fondation des institutions publiques, les divers faits historiques dignes d'être connus et s'appliquant, au point de vue chronologique, à chacune des périodes qui divisent cet ouvrage. CH. L.

L'Église Sainte-Croix, — dont la fondation remonte à une époque inconnue, a dû appartenir, selon Bernadeau, à un temple païen.

L'Église Saint-André, — fondée sans doute vers le commencement de IVe siècle. Elle fut souvent profanée par les Visigoths, lors de leurs persécutions contre les chrétiens.

ÉTABLISSEMENT D'INSTRUCTION PUBLIQUE : — *Le Collège de Guyenne*, — dont Ausone a célébré la splendeur dès le IVe siècle, — rivalisait depuis longtemps avec les meilleures écoles de la Grèce.

SIÉGE ÉPISCOPAL. — Fondé, croit-on, par saint Martial, il a été occupé par Orientalis, en 314 ; vers 380, par saint Delphin, qui baptisa saint Paulin ; en 402, par saint Seurin ; par saint Gallicin, en 475 ; et, en 506, par Cyprien, qui le garda près de trente-cinq ans.

DICTIONNAIRE DES PRODUCTIONS

Industrielles, Commerciales et Agricoles.

B

Baleine. — Mammifère du genre des cétacés ; poisson de mer d'une grosseur extraordinaire. Les *vraies* baleines ont de 18 à 35 pieds de longueur. A un an, elles sont très grasses et fournissent jusqu'à 50 barils d'huile. A l'état mère, elles sont maigres (on les nomme alors, *peau sèche)* et ne donnent guère plus de 30 barils d'huile. La *vraie* baleine est celle qui porte le plus de *fanons* ou *barbes,* dont l'industrie humaine se sert pour les montures de corsets, de parapluies, etc. — On travaille ces fanons à Lyon, Paris et Troyes, où sont des manufactures relativement importantes. — Le petit d'une baleine se nomme Baleineau. On désigne sous le nom de *baleinier* le navire équipé pour la pêche de la baleine dans les mers du Nord. La *baleinière* est cette embarcation légère qui suit l'animal lorsque le harpon est parvenu à pénétrer entre ses côtes. — Le Blanc de Baleine, ou Spermaceti, est la réunion de petites écailles nageant dans une huile grasse que renferme la tête de certains cétacés, et non la baleine, comme on l'avait cru d'abord par erreur. Cette substance, brillante, douce et fraîche, est employée dans la parfumerie, (*Voyez* ce mot). Le fraudeur la falsifie avec de la cire

blanche, ce que l'on peut surtout reconnaître par l'odeur. — Nous avons parlé de la *vraie* baleine : il y a aussi la baleine *squelette,* celle *à nageoire sur le dos,* etc., qui, paraît-il, sont moins productives en huile et en fanons. (*V.* Cachalot)

Baromètre. — « Cet instrument, inventé en 1643, par Torricelli, disciple de Galilée, sert à mesurer la pression de l'air, et, comme la colonne mercurielle se déprime à mesure qu'on s'élève dans l'atmosphère, parce qu'elle fait alors équilibre à des couches moins élevées, et conséquemment moins pesantes, Pascal en fit usage pour mesurer la hauteur des montagnes. Le baromètre annonce aussi, jusqu'à un certain point, le beau et le mauvais temps ; car l'air *sec* étant moins léger que l'air *humide,* le mercure s'élève quand il ne doit pas pleuvoir et baisse dans le cas contraire.

» Les principales formes du baromètre sont le baromètre à cuvette, le baromètre à siphon, et le baromètre à cadran. — Larousse. »

Dans ces derniers temps, M. Vassel (de Mouflières) avait imaginé un *baromètre photographe,* ainsi appelé parce qu'au moyen d'un mécanisme spécial, recouvert d'un papier *sensibilisé,* les mouvements de la colonne de mercure venaient se reproduire photographiquement sur le dit papier.

Baromètre économique. — Tout récemment encore, on publiait partout le procédé suivant : « Prenez 50 centigr. de camphre, autant de sel de nitre et de sel ammoniac. Faites fondre séparément ces trois substances dans l'eau-de-vie pure, en plaçant le flacon contenant le camphre dans l'eau chaude pour qu'il se dissolve rapidement. Mélangez ensuite ces substances dans un flacon long : bouchez, cachetez et suspendez-le en plein nord. »

Voici maintenant les signes des variations atmosphériques :

Le liquide est-il clair et limpide? c'est *beau temps ;* il se caille au fond? *froid;* il s'y forme de légers nuages suspendus? *tempête ;* ces nuages sont gros? *pluie* ou *neige.* Des filaments à la partie supérieure du flacon, *vent ;* de simples nébulosités, *temps humide* ou *variable ;* si les nébulosités tendent à s'élever, *vent dans les hautes régions de l'atmosphère.*

Barrique. — Dès l'an 70 de l'ère chrétienne on connaissait les vaisseaux de bois reliés, propres à contenir toutes sortes de marchandises. Mais il est aujourd'hui fort probable que, le génie de l'homme aidant, l'usage des tonneaux ne tardera pas à se réduire au seul transport des vins et spiritueux, vu la rareté et les hauts prix toujours croissants du bois. — Il y a quelques années, une Société se forma à Bordeaux, pour la fabrication mécanique des tonneaux de bois ; malheureusenent, quelque précieuse que soit la machine, elle n'a pu, jusqu'à présent, parvenir à remplacer la main de l'ouvrier, qui ménage habilement les défectuosités que présente souvent le bois de merrain, en laissant des épaisseurs dans les parties les plus faibles.

La science donne diverses recettes pour le nettoyage des fûts, parmi lesquelles se fait surtout remarquer celle qui consiste à faire usage de *chlorure de chaux.*

Bélier. — C'est le mâle de la brebis. Il porte le nom d'agneau dans les premiers mois de la vie. Depuis l'âge de 2 ans jusqu'à 10, on peut lui donner de 30 à 40 femelles. (*V.* Mouton).

Bélier hydraulique. — Machine destinée à élever les eaux, inventée par J. M. Montgolfier, et très habilement perfectionnée dernièrement par M. Bollu.

Benjoin. — (*V.* Matières odorantes.)

Benzine. — (*V.* Produits chimiques.)

Bétail. — Se dit des bœufs, vaches, veaux, béliers, brebis, etc. L'élève du bétail est difficile en France, où la consommation est toujours supérieure à la production. Les soins à donner aux cultures fructeuses, aussi bien que le défaut de crédit, éloignent la majeure partie des paysans de l'élève des bestiaux. *Voyez* au mot *viande* la valeur de la chair de ces animaux au point de vue de l'alimentation. On trouvera également des détails particuliers à chacun des mots *bœuf, vache*, etc. — Les départements français qui s'occupent principalement de l'élève et du commerce du bétail sont l'Orne, e Cher, l'Allier, le Calvados, le Cantal, etc. — Nous empruntons beaucoup à nos voisins. Ainsi, en sept mois, nous avons tiré dernièrement de la Belgique, 12,371 vaches, 10,300 veaux et 19,000 porcs. Dans le même temps, l'Allemagne nous fournissait, de concert avec l'Italie, 11,904 porcs et près de 333 mille têtes de brebis, moutons et béliers.

Béton. — Mortier mélangé de graviers, d'éclats de pierres, de briques, etc , d'une part ; — d'autre part, de chaux vive nouvellement cuite. — Sa propriété est de prendre dans l'eau et d'acquérir de la dureté dans les endroits humides

Voici, d'après les *ponts et chaussées*, la composition du béton :

« Deux parties de mortier pour une partie de gravier — *Béton d'escarbille :* deux parties de terre argileuse pulvérisée, une partie de coke ou d'escarbille, une partie de sable et une partie de chaux hydraulique éteinte en pâte. »

(I. Ferrand, architecte, à Bordeaux)

(*Voyez* MORTIER.)

Betterave. — Plante bisannuelle qui redoute le grand froid et la sécheresse. Considérée comme aliment, elle engraisse les bestiaux. — Au XVIIIe siècle, la betterave était fort peu cultivée, lorsque Margraff, chimiste prussien, découvrit un procédé pour en extraire du sucre. Cependant, la culture de cette plante ne se généralisa en France qu'au moment des grandes guerres de l'Empire, lors du blocus continental. Dès le début, les appareils laissant à désirer, les résultats furent médiocres, et il est probable que cette industrie eût succombé sous le découragement général, si des hommes convaincus de l'importance de la question, n'eussent, à force de travail, apporté des perfectionnements dans la méthode et dans le matériel de fabrication. Il furent aidés par les découvertes de Blumenthal, de Mathieu de Dombasle, Derosne, Cail, etc. — Après 1830, la protection accordée par l'État aux sucreries indigènes, devint le sujet de discussions économiques qui eurent du retentissement jusque sous les voûtes du Palais-Bourbon : nous en parlerons au mot SUCRE. — La betterave produit également un excellent alcool, bien inférieur toutefois à l'esprit de vin. Les distilleries de betteraves se multiplient tous les jours : en ce moment elles donnent 400,000 litres d'alcool.

En médecine, on pourrait employer cette plante *rapée* à la guérison des brûlures et de certaines inflammations cutanées, en raison de sa vertu essentiellement rafraîchissante.

Beurre. — Corps gras qu'on extrait du lait en en soumettant la crême à un battage prolongé. La qualité du beurre dépend essentiellement de la manière dont il a été fabriqué, et aussi de la nourriture donnée aux bestiaux. Celui qui, faute de lavages bien entendus, a conservé encore une assez forte proportion de caséine et de sérum, ne tarde pas à rancir. — Divers moyens de conservation ont été proposés ; les plus admis sont la *fonte* et le *salage*.

Le beurre salé est le produit de bon nombre de nos départements ; mais le demi-salé a pour type originaire le beurre de la ferme de La Prévalaye, en Bretagne.

La fonte du beurre au bain-marie exige quelque perte de quantité, parce qu'on l'écume pour enlever la caséine coagulée par la chaleur. Cette méthode, précieuse pour les expéditions au loin, est employée dans presque tous les ménages de la Bourgogne, de l'Orne, du Loiret; mais nous avons remarqué que ce beurre fondu perdait aussi son parfum et son goût d'*amande*. — Un autre moyen de conservation proposé est celui qui consiste à pétrir le beurre avec du miel : ce procédé ne doit pas être souvent pratiqué.

On falsifie le beurre de différentes manières, notamment par le suif de veau, la craie, la fécule, etc.

Beurre Artificiel. — Depuis ces derniers temps, on débite en Amérique un beurre artificiellement produit, dû aux recherches d'un Français nommé Mouriez. A Paris, un chimiste, M. Mège, a pris un brevet pour l'exploitation d'un beurre également artificiel, extrait aussi, comme le précédent, des graisses et des suifs.

(*V.* Lait et Corps gras)

Bière. — On l'obtient en soumettant une décoction d'orge germée à la fermentation. L'amidon contenu dans l'orge germe se transforme suceessivement en *dextrine* et en *sucre*. Ce résultat obtenu, on verse de l'eau additionnée de houblon et on laisse fermenter pendant quelques temps.

Il y a plusieurs formules pour obtenir de la bière : celle que nous donnons est assurément la meilleure au point de vue de l'hygiène. En France, beaucoup de nos brasseurs se dispensent d'employer le houblon, dont la vertu fait seule la salubrité et le bon goût de la bière. Ensuite, le génie de la falsification a trouvé des recettes économiques dont on doit se défier : le houblon est souvent remplacé, en Angleterre, par la noix vomique, l'acide picrite, etc., substances excessivement pernicieuses.

L'*ale* anglaise contient de 6 à 8 0/0 d'alcool ; elle doit son goût piquant et son arôme, au piment et au coriandre qu'elle contient.

Les bières de Vienne, de Strasbourg, de l'Allemagne, sont très hygiéniques ; mais, servies en

France, elles sont souvent trop alcoolisées pour les besoins de leur conservation.

La pureté de l'eau est pour beaucoup dans la fabrication de la bière. Un bon brasseur de Liège — où la bière est excellente — ayant eu un jour la pensée de venir s'installer aux environs de Paris, fut fort fort surpris de ne plus fabriquer qu'une bière très médiocre. On sait que les bières de Paris sont d'une consommation peu acceptable.

Il y a deux ans, les administrateurs du journal *l'Helvétie* nous avaient proposé de nous employer à faire connaître, en France, la bière d'un bon brasseur de la Suisse allemande et dont le prix de vente aurait été, dans notre ville, de 65 à 68 francs. Elle était excellente : les soins multiples, nécessités par sa conservation exigeant un entrepôt, des magasins de construction spéciale, nous ne pûmes, à vif regret, donner aucune suite à cette affaire, qui pensait réjouir les amateurs de bière de nos régions méridionales.

(*V.* Boissons et Houblon).

Biscuit. — (*Voyez* Pain).

Bismuth. — (*V.* Métaux).

Bitter. — Nous avons obtenu 140 litres de Bitter avec la formule suivante, par macération de quelques semaines :

Gentiane...........	6 kilogr.
Écorce d'orange..	3 »
Cardamone.........	» 500 gr.
Eau-de-vie, 50°....	» 140 litr.

La racine de gentiane est amère, tonique et très propre à relever les forces générales. Elle est aussi un peu fébrifuge. Le cardamone est un bon stimulant ; enfin l'écorce d'orange est une substance très stomachique en même temps qu'un excellent principe aromatique. En dépit de toutes ces vertus hygiéniques, le Bitter n'en restera pas moins une liqueur pernicieuse, comme le sont, au surplus, toutes les boissons alcooliques.

Bitume. — Provenant d'un calcaire spécial, le bitume est un composé de plusieurs hydrogènes carbonés, plus ou moins chargés d'oxygène. Il renferme des huiles qui le rendent très inflammable.

L'asphalte est une des variétés du bitume le plus connu. Le bitume de Judée est une substance solide, noire, qui sert à la composition des vernis gras et des mordants. On en forme aussi — mêlé à des poudres calcaires — des mastics qui servent à divers usages.

(*V.* Asphaltes).

Blanc de Baleine. — Est employé dans la fabrication des bougies dites *Diaphanes*, ainsi que dans la parfumerie.

(*V.* ce mot et Baleine).

Blanc de Plomb, de Céruse, d'Espagne, etc. (*V.* Matières colorantes.)

Blé (*V.* Grains.)

Bleu de Prusse, etc. (*V.* Matières colorantes.)

Bœuf. — Les meilleurs bœufs de travail sont, dit-on, ceux d'Auvergne, et particulièrement de Salers (Cantal). La ration en foin du bœuf de travail (le poids de l'animal étant de 400 kilogr.), doit varier de 3 à 5 0/0 de ce poids.

(*V.* Bétail, Buffle et Viande.)

Bois. — Une des matières premières sur lesquelles l'industrie s'exerce le plus. Ce végétal se compose de nombreuses espèces, le chêne, le sapin, l'ormeau, le noyer, etc. (*V.* chacun de ces mots.) On sait que tout arbre a une écorce, et que c'est entre cette écorce et l'arbre que se manifeste le développement du bois. Ce sont des couches de substances compactes, mais tendres, imparfaites, qu'on appelle *aubier*. Comme tous les corps organisés, les arbres sont sujets à des maladies, ce sont : 1o l'*échauffement*, provenant de l'emmagasinement des bois récemment coupés dans les locaux mal aérés; 2 la *pourriture*, ayant pour cause une exposition des bois dans un lieu alternativement humide et sec ; 3o la *carie*, résultant des attaques de parasites végétaux, tels que mousses, champignons, etc., 4o la *vermoulure*, causée également par le parasitisme de petits vers qui rongent la substance même de l'arbre.

Conservation. — Des expériences ont démontré que les bois charbonnés à 5 centimètres de profondeur, sur toute la surface, et recouverts de goudron, demeurent fort longtemps en bon état. C'est sur ce principe de la carbonisation que repose le procédé de M. Lapparent, directeur des constructions navales : il est excellent pour tous les bois durs, serrés, qui ne peuvent plus s'imprégner de substances conservatrices, telles que le sulfate de cuivre, la créosote, le borax, etc. On doit à M. Verrier, au docteur Boucherie, à quelques autres inventeurs, des procédés excellents pour la pénétration et l'injection des bois à conserver. Nous ne donnerons ici que l'admirable système de M. Hossard (d'Angers), qui nous semble peu connu, quoique propre à tous les bois et à toute substance conservatrice. Il consiste « à chauffer fortement les bois à la vapeur ou dans de l'eau bouillante, qui les débarasse de leurs sucs végétaux ou de leurs résines, et dont on les tire pour les plonger dans la solution ou teinture quelconque. » Ce procédé, si simple et assurément si efficace, est celui *de la pénétration par le passage de la chaleur au froid.*

Boisson. — On désigne sous ce nom tout liquide introduit dans l'appareil digestif. Ce sont par exemple, l'*eau*, l'*orangeade*, la *limonade*, la *bière*, le *cidre*, le *poiré*, la *piquette*, le *vin*, etc.

L'eau pure est bonne; impure, elle sert souvent de véhicule aux germes de certaines maladies; la *limonade* et l'*orangeade* sont des rafraîchissants très hygiéniques; le *cidre*, rafraîchissant et salubre, doit cependant être pris modérément. La bonne bière engraisse ; les *piquettes* occasionnent souvent des dérangements d'intestins. Le *vin* seul, pris à petite dose, stimule les sécrétions de l'appareil digestif, facilite la digestion et relève les forces épuisées.

(*V.* chacun de ces mots.)

Bouchon. — (*Voyez* LIÈGE.)

Bougie (CIERGE ET CHANDELLE). — Comme la chandelle et le cierge, la bougie est coulée dans des moules que traverse, au milieu, de bout à bout, une mèche de coton.

Un autre procédé consiste à verser la cire à pleine cuiller le long des mèches suspendues. Aujourd'hui, on a généralement remplacé la *cire* par l'*acide stéarine*, extrait chimiquement des corps gras. — On fait également des bougies avec le Blanc de baleine (*V.* ce mot que l'on décore du nom de *bougies diaphanes*. — La chandelle de suif, de haute antiquité, s'est introduite, à cette heure, partout où brûlait et fumait jadis l'affreuse chandelle de résine.

L'acide stéarique est d'un pouvoir éclairant supérieur à celui du suif, et ne le cède, au surplus, qu'à celui de la cire.

Une bonne bougie est celle de l'*Étoile*, qu'on fabrique aux environs de Paris. Il y a encore d'autres bonnes marques. — En France, on fait un peu partout la chandelle de suif; quant aux principales fabriques de bougies, elles sont à Paris, Marseille, Casteljaloux, Angoulême, Orléans, Rodez, Rennes, Dijon, etc.

Madrid et Malaga, en Espagne, donnent également de fort bonnes bougies.

Boussole. — « La boussole était inconnue des anciens; mais il paraît que les Chinois en faisaient usage plus de 1000 ans avant l'ère chrétienne. Sa découverte, en Europe, date du XIIIe siècle, époque à laquelle on remarqua, pour la première fois, qu'une aiguille aimantée, oscillant librement autour d'un pivot, se dirige toujours vers le nord. C'est l'Italien Flavio Gioja, qui eut le premier l'idée de suspendre l'aiguille aimantée sur un pivot où elle pût se mouvoir en tous sens, et de rendre ainsi les observations plus faciles et plus exactes. Le cercle que parcourt l'aiguille est divisé en 32 parties, et se nomme *rose des vents*.

Cette utile invention a brisé les barrières qui séparaient les peuples d'une extrémité du monde à l'autre, et a exercé une grande influence sur le progrès des sciences et les relations commerciales. »

(LAROUSSE)

La Boussole de *déclinaison* ou *compas de mer*, se compose d'une aiguille d'acier aimantée et reposant sur un pivot vertical placé au centre d'un cadran horizontal. Cette aiguille se meut librement autour du cadran, dont le cercle gradué porte, aux quatre extrémités de deux diamètres qui se coupent à angles droits, les indications Nord, Sud, Est Ouest.

La Boussole *d'inclinaison* se compose d'une aiguille aimantée portée sur un axe horizontal autour duquel elle se meut. On amène le plan vertical à coïncider avec le plan méridien magnétique, et on lit l'inclinaison sur un cercle gradué devant lequel se meut l'aiguille. L'inclinaison, comme la déclinaison, varie avec le temps.

Bouteille. — (*Voyez* VERRE.)

Brebis. — Femelle du Bélier, c'est un animal qui semble tout fait pour l'homme. Il nous donne, en effet, le lait, la laine, sa chair succulente, un bon suif, sa peau, ses boyaux, ses os, jusqu'à son fumier qui, entre nos mains, devient un agent très utile : un excellent engrais. (*V.* MOUTON.)

Brique. — Pierre artificiellement fabriquée avec des argiles. Il y a brique *crue* ou séchée au soleil, et *cuite* ou durcie au feu.— Les premières ne résistant pas à l'humidité, on ne les emploie guère que dans les contrées méridionales. Pour la construction des fourneaux et des appareils qui doivent supporter l'épreuve d'une température élevée, on se sert de briques dites *réfractaires*.

Enfin, il y a aussi la brique *pleine* et la brique *creuse* qui est réservée pour les ouvrages légers. Ces trois dernières sortes sont des briques cuites.

Les bonnes marques sortent de la Bourgogne, de Sarcelles, de Paris, de Pey-Martin, de la Gironde, de Montereau, de la Gare.

Bronze. — Alliage de cuivre et d'étain, et parfois même de fer, de zinc, de plomb. L'emploi de ce métal est offert à la fabrication des monnaies, des cloches, des statues, des monuments, des bouches à feu, etc.

Dans ces derniers temps, M. Riche a découvert le procédé chinois qui rend le bronze malléable et propre à être travaillé au marteau. Il a même pu, avec l'aide de M. Champion, faire forger un *tam-tam* chinois d'une grande dimension.

Buffle. — Sorte de bœuf sauvage qui a les cornes renversées et en arrière. On le conduit par le moyen d'un anneau qu'on lui passe dans les naseaux. Il n'était connu ni des Grecs ni des Romains, et a été apporté, de l'Afrique et des Indes, en Europe vers le VIIe siècle. On sait qu'à côté de cette espèce de bœuf se placent également le *bison*, l'*aurochs*, le *zébu* et *l'yack*, pour la connaissance parfaite desquels il est utile de consulter une bonne histoire naturelle.

C

Cable. — *Voyez* CORDAGE.

Cacao. — Le cacaotier, arbre des forêts de l'Amérique du Sud et du Mexique, produit un fruit nommé *cabosse*, ayant la forme du concombre et contenant de 12 à 30 et 40 graines. Ces graines sont le *cacao* que l'on fait dessécher par torréfaction. Son analyse chimique donne des matières grasses (beurre de cacao), des substances azotées, de l'amidon, de l'eau, du sucre, etc.

Parmi les principales espèces de cacao, sont : le *cacao caraque*, des côtes de Caracas, sa couleur est très-foncée ; le *cacao Trinité*, plus petit que le précédent ; le *cacao des îles*, récolté à la Guadeloupe, à la Martinique, à St-Dominique, est très-riche en matières grasses ; enfin, le *cacao socossusco*, de Guatemala, est également très-recherché. Suivant la qualité, le cacao est vendu de 3 fr. à 5 fr. les 50 le kilog. (*Voyez* CHOCOLAT)

Cachalot. — Mammifère du genre cétacé, dont la taille est peu inférieure à celle de la baleine. Sa machoire est armée de dents formidables. On ignore pourquoi les Cachalots se livrent entr'eux des combats à mort.

Cet animal produit au commerce une grande quantité d'huile. Sa tête et sa colonne vertébrale contiennent

la substance céruminense nommée *blanc de baleine.* (*Voyez ces mots.*)

Cachou. — Suc épaissi de plusieurs accacias. On l'emploie dans la teinturerie, en médecine et pour certains articles de parfumerie. — En médecine, il convient comme tonique et stomachique dans certaines affections de l'estomac. C'est un astringent usité pour combattre la fétidité de l'haleine, le ramollissement des gencives, les diarrhées chroniques, etc. Cette substance contient une bonne quantité de tannin. La teinture de cachou sert aussi à colorer les eaux-de-vie communes.

Café. — Le caféier forme un genre de la famille des rubiacées. L'espèce la plus importante est le caféier de l'Arabie ; les espèces secondaires sont cultivées au Bengale, à l'île Bourbon, sur la côte occidentale de l'Afrique, aux Antilles et à la Guyane.

Aux fleurs blanches et odorantes du caféier succèdent des baies rouges, pareilles à de petites cerises, qui contiennent les graines nommées *café.*

La découverte des qualités excitantes du café remonte à une époque inconnue, et la boisson qu'il donne a été d'usage immémorial chez les populations à demi barbares d'Abyssinie. Ce n'est qu'en 1654 qu'il fut introduit en France, et en 1669 à Paris. Dès son apparition chez nous, quelques médecins le dénoncèrent comme très-dangereux. — Le premier *café* public de Paris fut créé en 1672, à la foire de St-Germain, par un Arménien nommé Pascal ; il n'eut pas de succès parce qu'il était mal tenu. Quelques années plus tard, Procope ouvrit le sièn, qui eut de la vogue et devint ainsi l'origine d'un changement considérable dans les mœurs françaises.

Aux médecins qui s'élevèrent contre le café, la science répondra aujourd'hui que son usage ne peut avoir d'inconvénient que s'il est pris à *très-forte* dose. Il n'est pas vrai, non plus, que ce soit une substance nutritive. On sait cependant que le café soutient les forces ; mais, en somme, on ignore encore le mécanisme de son action. Il est toutefois certain que l'excitation intellectuelle qu'il produit est suivie d'une dépression sensible des forces générales. Les cafés portent ordinairement les noms des pays de provenance, et leur classification a lieu d'après leurs qualités supérieures.

1° Moka. — Fèves petites, arrondies, assez pelliculées ; mais très-variées entr'elles de forme et de grosseur. Couleur jaune ou verdâtres ; saveur agréable ; parfum prononcé. Le moka est très-estimé et d'un prix élevé.

2° Martinique. — Tient le second rang : fèves plus volumineuses que le moka, plus allongées, arrondies à leurs extrémités. Couleur verdâtre ; pellicule grise et argentée. Sillon longitudinal bien ouvert. Franc de goût et d'odeur ; saveur rappelant celle du froment.

3° Guadeloupe. — Fèves fortes, allongées, régulières, plus luisantes, d'un vert plus ou moins plombé.

4° Bourbon. — Il montre assez d'analogie avec le moka. Très-bon.

5° Bourbon fin vert. — Fèves arrondies et peu sillonnées.

6° Bourbon fin jaune. — Mêmes caractères.

7° Bourbon ordinaire. — Plus fort moins arrondi, irrégulier, vert ou jaune ; parfum commun.

Citons aussi les bons produits de Costa-Rica, de Porto-Rico, de Cuba et du Brésil d'où il en est exporté pour 150 et 165 millions par an.

Le café est une substance qu'on falsifie sur une grande échelle, non seulement torréfié et moulu, mais encore en grains. Le conseil d'hygiène de la Seine a découvert un café falsifié, composé de 85 pour 100 de farine de seigle, d'orge, etc., et de 15 pour 100 seulement de café. — Enfin, pour terminer, disons que le café a été reconnu, en ces derniers temps, comme un désinfectant propre à purger l'air des appartements des malades. Ajoutons encore que l'on fait une excellente *liqueur de café* d'après cette for_ mule : — 1.500 gram. de moka en poudre infusé dans 9 litres d'eau-de-vie pendant 10 jours. Faire dissoudre ensuite 2 kil. 500 gr. de sucre dans 2 litres et demie d'eau. Mélanger le tout et filtrer.

Calcaire. — *Voyez* TERRAIN ET PIERRE.)

Calcédoine. — (*Voyez* PIERRES PRÉCIEUSES).

Calomel. — (*Proto-chlorure de mercure.*) Préparation mercurielle souvent employée à doses différentes comme purgatif, vermifuge, altérant. Il est incompatible avec les substances acides qui le transformeraient en *bi-chlorure*. A l'extérieur, on l'emploie soit en pommade, soit mélangé avec de l'eau.

Camomille. — Plante de la famille des *corymbifères*. Les fleurs sont amères, toniques, fébrifuges et vermifuges. On en tire une huile essentielle usitée en frictions calmantes et anti-venteuses.

Campêche. — (*Bois de*) Arbre épineux, toujours vert, originaire de la baie de Campêche (Mexique), et transporté à la Jamaïque, à Saint-Domingue, aux Antilles, etc. Ce bois est employé dans l'ébénisterie dans la teinturerie. Les nuances qu'il donne sont belles, variées, mais peu solides.

Camphre. — Suc extrait du *laurus camphora* qui végète à la Chine et au Japon. Cette substance arrive à l'état brut en Europe où on la purifie par la sublimation ou la distillation. Elle sert en médecine et en parfumerie. Raspail en a fait la base de son système thérapeutique. C'est un remède assez inconstant. A dose modérée, il est employé comme *antispamodique* et *antiseptique*.

Canard. — Oiseau palmipède dont les meilleures races domestiques sont le *barboteur* de Rouen et le *blanc anglais* d'Aylesbury. Parmi les canards sauvages qui voyagent tous les ans du Midi au Nord, et du N. au M., se trouve l'*Eider* qui fournit le précieux duvet connu sous le nom d'édredon. — La Normandie fait un grand commerce de canards de la grosse race ; et dans le Tarn, l'Aude, le Gard, la Haute-Garonne, etc., est élevé le *mulard*, qui naît de l'accouplement de la cane ordinaire avec le canard *musqué*, originaire d'Amérique. — Disons, pour citer quelques espèces, qu'il y a aussi le canard *polonais*, petit et très-blanc; celui de *Perse* ; le *pilet*, vendu sur le marché parisien comme gibier ; le canard à *tête grise*, l'un des plus gros connus, etc.

Cannelle. — Ecorce interne du *laurier-Cannellier*. Celle de Ceylan est la plus estimée ; vient ensuite la canelle de Chine ou cannelle-mâle. La première est une écorce mince, de couleur foncée et d'un goût piquant. Parmi les cannelles de Ceylan, distinguons la *cannelle-miellée* ou *royale* et la *cannelle-camphrée* dont le nom est dû à l'odeur qu'elle exhale. La *canelle-giroflée* ou *bois de Crabe*, se trouve dans le commerce en rouleaux de 55 à 60 centimètres de longueur.

Toutes ces cannelles sont excellentes à divers titres : la pharmacie, l'économie domestique, le distillateur et le parfumeur en font un fréquent usage comme aromate. — Les droguistes vendent l'essence de cannelle de 1 fr. 90 à 2 fr, 10 les 30 gram. ; le bois, de 5 fr. 50 à 6 fr. 50 le kilog,

Canon. — Depuis la guerre de 1870 des inventions surgissent qui viennent faire oublier les anciens modèles. Bornons-nous donc à remarquer que le système du chargement par la culasse réunit à la précision et à la portée du tir la facilité de l'examen et de l'entretien du canon. *(Voyez* ARMES).

Caoutchouc. — Les végétaux dont le suc laiteux solidifié constitue le caoutchouc, appartiennent aux trois familles suivantes : 1° *euphorbiacées*, 2° *artocarpées*, 3° *apocynées*. Ce sont en général des végétaux sarmenteux. Le meilleur caoutchouc est celui du Para, dont la récolte commence en Août pour se prolonger jusque vers février. Il coule avec la consistance de la crême par des entailles pratiquées aux arbres. Un arbre de 50 cent. de diamètre, convenablement exploité, peut fournir 25 kil. de caoutchouc. Le plus mauvais caoutchouc est celui de Guatemala qui est mélangé de sucs résineux.

Les usages de cette substance, dont la composition chimique est $H^7 C^8$, sont aujourd'hui tellement répandus que nous n'en préciserons aucun. Mais il est utile de faire connaître un procédé récent pour unir le caoutchouc au bois et aux métaux ; il consiste en l'application d'un ciment provenant de la solution de la *gomme-laque* pulvérisée dans environ dix fois son poids d'ammoniaque concentrée. Cette composition adoucit le caoutchouc et devient, après évaporation du liquide, dure et imperméable à l'air et au gaz.

On appelle *caoutchouc minéral* ou bitume élastique une substance hydrocarbonée qu'on trouve dans les mines de plomb du Derbyshire, de houille de Montrelais, près d'Angers, etc. *(Voyez* VERNIS).

Capillaire. (*sirop de*) — Nous avons employé les substances suivantes pour obtenir 16 litres de ce sirop.

Capillaire (pr infus.)	100 gr.
Gomme.	30 »
Sucre	11 kil. 500 »

Ce sirop est un bon stimulant dans les rhumes, les catarrhes chroniques, etc.

Carmin. — Le carmin a pour base la cochenille. Les procédés pour cette préparation sont très-nombreux; aussi y-a-t-il carmin d'Amsterdam, Chinois, d'Alyon, d'Allemagne, etc. Voici la formule du carmin ordinaire :

Cochenille en poudre. . .	500 gr.
Sous-carbonat. potasse. .	14 »
Alun en poudre.	30 »
Cole de poisson.	14 »

Caramel. — Sucre fondu dans un peu d'eau et que l'on fait cuire jusqu'à ce qu'il brunisse. Trop cuit, il peut devenir amer. Dans le commerce, on s'en sert pour colorer les spiritueux de qualités inférieures. Les confiseurs l'emploient pour glacer certains fruits. — Le *caramel fin* s'obtient par la mélasse de canne à sucre, chauffée à ébullition et additionnée par environ un tiers de son poids d'un mélange d'eau distillée et de 3/6 à 90°

(*Voyez* EAU-DE-VIE).

Carbonates. — Nom générique des sels neutres, résultant de la combinaison de l'acide carbonique avec des bases salifiables. Ils prennent le nom de *sous-carbonates* lorsqu'ils se présentent avec excès de base. (Lacroix.) L'industrie et la médecine emploient constamment ces composés.

Carbone. — Corps simple, se présentant dans la nature sous des formes très-variées qu'on peut ramener à deux grands types. Le premier, représenté par le *charbon de bois, le noir de fumée, le coke*, etc. s'appelle type amorphe. Le second type, cristallisé, donne le *graphite*, l'*anthracite*, le *diamant*, etc. Le carbone de houille distillé donne le *charbon métallique*. Le carbone est enfin une des bases principales de toute matière organique, puisqu constitue le résidu de sa combustion incomplète ; c'est ainsi que charbon et carbone sont synonimes.

Sous l'influence de la chaleur, le carbone peut se combiner à l'oxygène et offrir deux composés, deux gaz : l'*oxyde* et l'*acide carboniques*.

Carbonique. *(Acide)* — Se dégage du bois, des charbons. Les malheureux en font un instrument d'asphyxie. D'ailleurs, lorsque ce gaz se trouve dans l'air à la proportion de 30 pour 100, ce dernier est irrespirable. L'industrie se sert également de ce gaz pour la fabrication des eaux gazeuses et des imitations de vins mousseux.

Carpe. — C'est le poisson le plus répandu en Europe, surtout sous les climats tempérés. Il produit des œufs qui, une fois éclos, donnent la *feuille*, espèce de petite carpettes qui, dans le premier âge, sont dévorées par les canards. Si, ayant égard à certaines conditions, on veut bien s'occuper de l'empoissonnement de carpe, on obtiendra chez nous de véritables succès avec les eaux douces de fermes, les mares et étangs improductifs. Les carpes ont besoin d'un milieu très-aérés.

Cassis. — Voici la formule de la liqueur de ce nom.

Baies de cassis..... 1000 gr.
Girofle de cannelle. 2 »
Sucre............. 750 »

et 3 litres d'eau-de-vie dans laquelle on fait infuser le tout pendant 15 jours. — Le cassis ne convient pas aux estomacs irritables.

Céramique — (*Voyez* POTERIE)

Céréales. — (*Voyez* GRAINS.)

Cerf. — Animal, dont le petit se nomme *faon* et la femelle *biche*, est d'une rapidité sans égale à la course. Sa chair, sans être bonne, est mangeable. On fabrique avec ses cornes ou bois les manches de divers outils. Ces cornes contiennent beaucoup de phosphate de chaux et de gélatine. En médecine leur décoction constitue une boisson émoliente ; calcinées, elles entrent dans la *décoction blanche de Sydenham*, employée contre les diarrhées chroniques.

Cerise — Fruit du cerisier qui, greffé sur le merisier, vient dans les terrains frais. L'écorce et le bois sont employés dans les arts et en médecine. La gomme qui en découle pourrait-être plus utilisée. La cerise est un fruit rafraîchissant, un peu laxatif, dont on fait des confitures. Son noyau aussi bien que la cerise sauvage (espèce de merise noire) servent à fabriquer le kirschwassen.

(*Voyez* KIRSCH.)

Chandelle. — (*Voyez* BOUGIE ET SUIF)

Charbon. — *Voyez* COMBUSTIBLE.

Chartreuse. — (LIQUEUR)

1° *Chartreuse verte.*

Essence de cannelle de Chine, de mélisse, de citron, d'hysope, de muscade, de girofle, (2 gr. de chaque essence.)

Essence d'angélique.... 10 gr.
— de menthe anglaise. 10 »
Alcool à 85°......... 40 lit.
Sucre.............. 56 kil.
Eau............... 27 lit.

2° *Chartreuse jaune.*

Les essences ci-dessus, en même quantité. De plus :

Aloès succotin en poudre. 4 gr.
Alcool à 85° .... 36 lit.
Sucre.............. 52 kil.
Eau .... 31 lit.

3° *Chartreuse blanche.*

Même quantité d'essence. Plus :

Essence de coriandre .... 5 gr.
— d'angélique .... 2 gr.

(D'après DUBIEF.)

Châtaigner. — Arbre qui croît dans les terrains sableux et frais et dans les sols granitiques. Le calcaire ne lui est pas favorable. Son climat est celui de la France. On le cultive principalement en en Auvergne et dans le Périgord. Son fruit, tout le monde le connait ; quant à son bois il est fort léger et employé pour les petites charpentes. Les viticulteurs de la Gironde l'emploient comme *carrassonne* pour échalasser la vigne. Il n'est pas d'un bon chauffage.

Chaux. — Base d'une grande partie de terrains sédimentaires ou neptuniens, affecte une foule de formes diverses dont les plus importantes à connaître sont la *pierre de chaux*, la *craie*, le *marbre*, le *plâtre*, et le *phosphate* de *chaux*.

(*Voyez ces mots et* PIERRES.)

Chêne. — *Chêne-nain, chêne-vert, chêne-liège, chêne-à-fruits mangeables, chêne-aquatique*, etc., telles sont les diverses espèces du chêne. Le chêne blanc est préféré pour les ouvrages de bâtisse et de menuiserie. La dureté de son bois est une garantie de sa conservation.

Le chêne a des propriétés médicales, surtout à cause du tannin qu'il contient — C'est le bois de chêne fendu et scié en certaines conditions qui est vendu à la tonnellerie sous le nom de bois-merrain. A cet égard, viennent au premier rang les bois de pays choisis, puis ceux du Nord, ensuite ceux d'Amérique, enfin les bois de Bosnie. Le chêne, en contact avec le vin, y dissout certains principes parmi lesquels se font remarquer le *tannin* et quelques matières odorantes et colorantes. C'est le bois de chêne qui donne de la couleur aux vrais et vieux spiritueux.

(*Voyez* MERRAIN *&* LIÉGE.)

Cheval. — Appartient au groupe des *pachydermes* et se place à côté de l'âne, du zèbre, de l'hémione.

L'Arabie parait être la patrie primitive du cheval, et c'est dans ce pays qu'il atteint d'ailleurs la plus grande perfection. Le *poulain* est le cheval avant qu'il soit adulte ; la *jument* est la femelle de ce dernier. — Le cheval a 40 dents ; sa bouche est très-sensible ; il peut vivre 25 ou 30 ans ; et engendrer jusqu'au dernier moment ; sa femelle n'est guère féconde au-delà de l'âge de 20 ans ; elle porte ordinairement 11 mois et quelques jours, et accouche debout.

(*Voyez* JUMENT.)

Chèvre. — Son mâle est le *bouc*. Le lait de chèvre est abondant et nourrissant ; sa chair est mangeable ; sa toison est d'une belle qualité, qui est très employée dans diverses industries, notamment celle des tissus.

Chlore — C'est un gaz, jaune-verdâtre, d'une odeur piquante, qui ne se trouve jamais à l'état libre dans la nature. Il y existe à profusion combiné à d'autres corps et prenant alors le nom de *chlorures*. Ainsi, le *sel gemme* ou *marin* est un chlorure de sodium, (Voyez sodium) Les usages de ce corps sont très-connus, car c'est un désinfectant et un décolorant. Deux combinaisons du chlore très-importantes dans l'industrie sont :

1° l'acide hyperchloreux, cl. O.
2° l'acide chlorique, cl. O^5

Chocolat. — On l'obtient en broyant du cacao torréfié et du sucre.

Voici quelques formules :

Ire qualité, — 1 kil. cacao *caraque* avec 500 grammes de sucre.

2e qualité, — 500 gr. de cacao pour 500 de sucre.

Ajoutez au deux 9 gr. de vanille et 6 gr. de cannelle. — Les amandes de cacao étant pilées dans un mortier de fer chauffé, on les broie ensuite avec un cylindre de fer sur une pierre échauffée par de la braise placée au dessous. Cela fait, on y joint le sucre et l'on broie de nouveau.

« Une grande partie des chocolats de commerce sont falsifiés par une addition de corps gras, de fécule ou même de farine. Quand au cacao pulvérisé, il n'est guère possible d'en rencontrer de pur. A Londres, sur 50 échantillons saisis, 48 étaient additionnés de fécule ; 39 sur 70 colorés avec de l'ocre rouge » (Le Bon.) (*Voyez* CACAO)

Chou. — Végétal très-connu et de la culture duquel nous ne parlerons pas. Mais la nouveauté aussi bien que l'étrangeté d'un procédé pour empêcher les choux de monter nous engagent à faire connaître ce qui suit : — M. Maréchal, à Aiserey, (Côte-d'Or) empêche ses choux de monter en pratiquant dans leur tige une, ou deux, ou trois fentes à 3 centimètres de distance, et en plaçant dans chacune d'elles une cheville de bois. — Le chou est peu nourrissant ; mais il possède une action légèrement laxative, fort nécessaire dans le cours de l'alimentation humaine (*Voyez* LÉGUMES HERBACÉS)

Cidre. — Produit du jus de pomme fermenté. Sa composition chimique donne du sucre, de l'eau, de l'alcool de 3 à 10 pour 100 etc., puis une fois en bouteilles, un peu d'acide carbonique. Le cidre *vieux* est une assez bonne boisson ; mais non le cidre nouveau qui exerce sur l'appareil digestif une action trop purgative. — Dans ces derniers temps les journaux de Rouen ont signalé un nouveau procédé de fabrication prompt et perfectionné. Il consiste à bien écraser les pommes, que l'on met dans un foudre bien fermé et seulement mis en communication avec un fût vide par un tuyau en cuir ou en caoutchouc. Dès que la fermentation apparaît, la partie solide de la pomme se sépare de la partie liquide, et le cidre vient s'écouler dans le fût vide placé au dessous. Ce cidre obtenu, on ajoute l'eau jugée convenable. Ainsi, sont supprimés le pressoir et le pressage.

Ciment. — (*Voyez* MORTIER)

Cinabre. — (*Voyez* MERCURE)

Cirage. — Voici quelques formules : *Ordinaire.*

Noir de fumée....... 325 gr.
Huile d'olive....... 250 »
Bleu de Prusse..... 15 »
Acide muriatique... 125 »

www.ingramcontent.com/pod-product-compliance
Ingram Content Group UK Ltd.
Pitfield, Milton Keynes, MK11 3LW, UK
UKHW020311220726
13923UKWH00003B/1081

9 782019 170882